Sí, todo está bien
Estrategias estoicas y no estoicas para cambiar tu vida

Emir Özgürler

EDIQUID

SÍ, TODO ESTÁ BIEN
Estrategias estoicas y no estoicas para cambiar tu vida
© Emir Özgürler

Editado por: Corporación Ígneo, S.A.C.
para su sello editorial Ediquid
José Olaya 169, Ofic. 504, Miraflores. Lima, Perú
Primera edición, abril, 2024

ISBN: 978-612-5142-38-2
Impresión bajo demanda

Hecho el Depósito Legal en la Biblioteca Nacional del Perú N° 2024-02137
Se terminó de imprimir en abril del 2024 en:
ALEPH IMPRESIONES SRL
Jr. Risso Nro. 580 Lince, Lima

www.grupoigneo.com
Correo electrónico: contacto@grupoigneo.com | Teléfono: +51 955 071 270
Facebook: Grupo Ígneo | X: @editorialigneo | Instagram: @grupoigneo

Colección: Integrales

Contenido

No hay peor enemigo que uno mismo

Introducción

Hace varios siglos, en una esquina de las bulliciosas calles de la antigua Atenas donde los comerciantes anunciaban sus mercancías y los niños jugaban con espadas de madera, un hombre de mirada penetrante y gestos pausados atraía a una multitud. Pero no estaba vendiendo ni ofreciendo nada, sino compartiendo sus conocimientos. Zenón de Citio era su nombre, y el lugar donde solía pararse a hablar era debajo de un pórtico al que llamaban «Stoa poikile» o «Pórtico pintado». Este escenario le daría el nombre a una de las filosofías más influyentes de todos los tiempos y que sigue consiguiendo más adeptos: el estoicismo.

Bueno, imagina por un momento ser parte de ese público, sintiendo la brisa ateniense mientras escuchas a Zenón hablar sobre cómo vivir en armonía con el universo, cómo aceptar lo inevitable y cómo encontrar paz en medio del caos. Sus palabras, aunque pronunciadas hace más de dos mil años, resuenan con una verdad que no conoce el tiempo.

Sin embargo, la historia que comienza con Zenón no termina con él. Otros gigantes del pensamiento tomaron el relevo. Otro erudito de esa época, Crisipo, de mente muy aguda, expandió y refinó las ideas de Zenón, y se convirtió en una figura central del principio del estoicismo. Sus debates y discursos, aunque perdidos en el tiempo, dejaron una marca en la filosofía que hoy se estudia.

Viajando hacia el corazón del Imperio romano, nos encontramos con figuras como Séneca, un estadista y dramaturgo que, entre sus responsabilidades políticas y obras teatrales, encontró tiempo para escribir cartas y ensayos repletos de consejos prácticos para enfrentar los altibajos de la vida. Y luego está Epicteto, cuya historia de superación, de esclavitud, es una prueba viviente de sus enseñanzas: no somos víctimas de nuestras circunstancias, sino de cómo afrontamos nuestra realidad.

Y, por supuesto, no podemos olvidar a Marco Aurelio, el emperador filósofo. En medio de campañas militares y asuntos de Estado, escribió sus *Meditaciones*, reflexiones íntimas que nos muestran a un hombre en busca de virtud y sabiduría en un mundo difícil y confuso.

Entonces, ¿por qué te cuento esto? Porque yo también estuve buscando cómo mejorar mi vida. Siempre había una voz en mi cabeza que me decía que lo que estaba haciendo no me iba a llevar a ningún camino diferente o mejor del que la imaginación deseaba. El no encontrarme a los 36 años con ninguna meta cumplida me obligó a repensar cada decisión que había tomado, por las cuales me encuentro en el lugar en donde estoy ahora, tratando de terminar este primer libro.

Recuerdo que el desarrollo personal fue el punto de partida en esta batalla. Cambiar costumbres, hábitos, manera de pensar, carácter y forma de vestir son algunos elementos que metí en la bolsa para poder removerla. Es por eso por lo que escribo este libro. Así es como salgo de mi confort para ayudarte a salir del tuyo.

Hago este intermedio porque, después de haber leído y releído a algunos de los representantes del estoicismo ya mencionados, abro la siguiente pregunta: ¿qué nos dejaron estos tipos? Pues la respuesta es simple: pura sabiduría. Agradezco haberlos encontrado en un momento difícil, en un momento en que era importante interesarme en la profundidad de las enseñanzas. Por supuesto que no estaba solo: el Internet es un buen lugar para poder rebuscar más información y aprender, aprender y aprender. Porque cada día uno debe mejorar como mínimo un 1 % de lo que fue ayer.

Gracias a estos escritos, aprendimos que deberíamos vivir en sintonía con la naturaleza, centrarnos en lo que está bajo nuestro control y buscar la serenidad, sin importar lo que pase a nuestro alrededor. Ellos nos recuerdan que hay cosas que no se pueden controlar y, sobre todo, que ser una buena persona y vivir con virtud es lo más importante.

A lo largo de los siglos, el estoicismo ha demostrado ser más que una simple filosofía: es una guía práctica para navegar por los desafíos de la vida. Estos antiguos pensadores, con sus lecciones y reflexiones, nos invitan a tomar las riendas de nuestro destino, a cultivar la resiliencia y a encontrar serenidad en medio de la adversidad.

Ahora, en este libro, te invito a que te unas en este viaje. A través de consejos para tu desarrollo personal inspirados en la visión estoica, descubrirás herramientas para construir una vida más plena, equilibrada y significativa. Porque, al final del día, todos buscamos lo mismo: vivir con propósito, con pasión y en paz. Así que, ¿estás listo para embarcarte en la ruta del autodescubrimiento y la transformación? ¡La sabiduría del estoicismo te espera, y el momento de comenzar es **ahora**!

Capítulo I

No todo se puede controlar

¿Alguna vez has sentido que la vida es como montar bicicleta? Sabes cómo hacerlo, pero en un momento estás avanzando con suavidad y al siguiente..., ¡pum!, caes al suelo preguntándote: «Pero ¿qué carajos acaba de pasar?». La verdad es que la vida está llena de esos momentos «¡pum!», en los que las cosas no salen como esperabas. Y, seamos sinceros, es frustrante.

Pero aquí va la sorpresa: no puedes controlarlo todo. Sí, lo sé, es muy molesto. Pero ¿y si te dijera que no necesitas tener el control de todo para ser feliz? De hecho, aprender a soltar y a ir con la corriente puede ser tu superpoder secreto, esa habilidad que te hará diferente a más del 90 % de las personas que conozcas, te lo aseguro.

En este capítulo, te voy a compartir estos consejos para ayudarte a navegar por este loco camino llamado «vida». Porque, aunque no puedas decidir todo lo que te sucede, sí puedes elegir cómo reaccionar. Y, créeme, esa es la verdadera magia.

Así que, si estás listo para dejar de preocuparte por lo que no puedes controlar y empezar a vivir al máximo, ¡sigue leyendo! Estoy aquí para compartir contigo ideas que removerán tu cabeza, que te harán ver la vida desde una perspectiva totalmente nueva.

1.1 Abrazando la incertidumbre

Desde que somos pequeños, nos enseñan a establecer metas y a seguir un camino predeterminado. «¿Qué quieres ser cuando seas grande?», nos preguntan, como si la vida fuera una línea recta desde el punto A al punto B. Te cuento algo: nuestra vida rara vez es un guion.

La vida es, por naturaleza, impredecible. Un día estás en la cima del mundo y, al siguiente, te enfrentas a un desafío que nunca viste venir. Puedes planificar una salida con amigos y terminar empapado por la lluvia. Puedes planear tu carrera y encontrarte con un giro inesperado que te lleve por un camino muy diferente. Pasa a menudo. Y, aunque esto puede sonar terrible, es precisamente esta incertidumbre lo que hace que la vida sea tan emocionante y valiosa.

La incertidumbre nos recuerda que cada momento es único. Nos empuja a vivir el presente, a valorar lo que tenemos aquí y ahora, porque no sabemos qué nos espera mañana. Sé flexible, adáptate, aprende y crece con cada experiencia nueva.

Pero ¿cómo abrazamos esta incertidumbre en lugar de temerla? La clave está en cambiar nuestra forma de ver lo que se nos presenta. Es cierto lo del vaso medio vacío o medio lleno. Toma cada obstáculo como un aprendizaje, una oportunidad para descubrir nuevas pasiones, para conocer gente nueva, para aprender lecciones valiosas y para crecer como individuos.

Así que, la próxima vez que te encuentres frente a lo desconocido, respira hondo y recuerda: no siempre sabemos qué nos espera mañana, y eso está bien. Porque la incertidumbre es lo más divertido que nos puede pasar.

1.2   Reacción y respuesta

«¡Qué desesperación da el tráfico!», «¡tengo problemas en el trabajo!». Todos enfrentamos momentos que pueden sacarnos de quicio. Sin embargo, hay una verdad poderosa que puede transformar cómo vivimos estos momentos: no podemos controlar todo lo que nos sucede, pero sí podemos controlar cómo reaccionamos ante ello.

Esta idea no es nueva. De hecho, ha sido un pilar de muchas filosofías y enseñanzas a lo largo de la historia. Epicteto (1993), un filósofo estoico, decía: «No son las cosas las que nos perturban, sino nuestra interpretación de ellas». En otras palabras, no es la situación en sí lo que nos afecta, sino cómo la percibimos y respondemos a ella.

¿Cómo podemos aprender a controlar nuestras reacciones?

Diez segundos antes de responder: Funciona. Antes de reaccionar de forma impulsiva, tómate un momento para respirar profundamente y reflexionar. Pregúntate a ti mismo: «¿Esta reacción me ayudará después? ¿Está alineada con la persona que quiero ser?». Esta pausa te da la oportunidad de elegir una respuesta más calmada en lugar de una reacción impulsiva.

Al practicar esta pausa de manera consciente, con el tiempo, te darás cuenta de que tienes más control del que pensabas sobre tus emociones y reacciones. No se trata de reprimir tus sentimientos, sino de responder de una manera que esté en armonía con la persona que quieres ser.

Recuerda: cada vez que eliges responder en lugar de reaccionar, estás ejerciendo tu poder personal y tomando el control de lo único que en verdad puedes controlar: tu actitud y respuesta.

1.3 La libertad de elección

Siempre habrá tormentas: una pérdida, un fracaso, un rompimiento o solo la falta de agua caliente en la ducha. Las adversidades son inevitables, pero hay algo que no pueden quitarnos: nuestra libertad de elección. Más allá de lo que esté sucediendo a nuestro alrededor, siempre tenemos el poder de elegir cómo responderemos.

Viktor Frankl (1985), psiquiatra y sobreviviente del Holocausto, lo expresó de manera elocuente: «Entre el estímulo y la respuesta hay un espacio. En ese espacio está nuestro poder para elegir nuestra respuesta. En nuestra respuesta yacen nuestro crecimiento y nuestra libertad». Frankl descubrió, incluso en las condiciones más extremas de un campo de concentración, que siempre tenía la libertad de elegir su actitud ante cualquier situación. ¡En un campo de concentración!

¿Cómo podemos utilizar esta libertad de elección en nuestro día a día?

¿Cómo me sentiré después?: cuando te enfrentes a una situación desafiante, en lugar de reaccionar de inmediato, tómate un momento para reflexionar (la regla de los 10 segundos) y pregúntate: «¿Qué elección me hará sentir orgulloso de mí mismo mañana?».

Al hacer esta reflexión, estás razonando. Te das la oportunidad de actuar desde un lugar de autocontrol, y no desde un lugar de reacción.

La próxima vez que te encuentres en una encrucijada o enfrentando un desafío, recuerda tu superpoder oculto: la libertad de elección. Porque, al final del día, no son las circunstancias las que definen nuestra vida, sino las elecciones que hacemos en respuesta a ellas.

1.4   Las lecciones ocultas de cada experiencia

La vida es el maestro más implacable y generoso que jamás tendremos. Con cada paso que damos, con cada decisión que tomamos, nos ofrece una oportunidad para aprender. A veces, estas lecciones vienen envueltas en triunfos y alegrías; otras veces, son fracasos. Pero siempre están ahí, esperando ser descubiertas.

Es fácil ver el aprendizaje en los momentos felices. Celebramos nuestros logros y éxitos. Pero ¿qué pasa en esos días difíciles en los que todo parece ir mal? En esos momentos es cuando la verdadera educación personal se hace, porque es en la adversidad donde nos hacemos más fuertes.

¿Cómo podemos cultivar una mentalidad que busque el aprendizaje en cada situación?

Reflexiona antes de dormir: dedica unos minutos al final de cada día para reflexionar con preguntas como las siguientes: «¿Qué aprendí hoy? ¿Hubo algún momento difícil que me enseñó algo? ¿Hubo alguna situación en la que hubiera podido actuar mejor?».

No tienes idea de cómo vas a mejorar los siguientes días si sigues esta práctica.

Al adoptar esta mentalidad de aprendizaje continuo, te equipas para enfrentar cualquier desafío que la vida te presente. Porque, incluso en los momentos más oscuros, siempre hay una chispa de conocimiento esperando ser descubierta. Y, al abrazar ese aprendizaje, creces, evolucionas y te conviertes en la mejor versión de ti mismo.

1.5 Desarrollo personal

En un mundo lleno de distracciones, compromisos y responsabilidades, es fácil olvidarse de uno mismo. Nos metemos tanto en el trabajo, en las relaciones, en las tareas diarias que a menudo dejamos de lado el cuidado y crecimiento personal. Sin embargo, fortalecer nuestro desarrollo personal es, sin duda, la inversión más valiosa que podemos hacer.

¿Por qué? Porque somos el común denominador en todas las áreas de nuestra vida. Ya sea en el trabajo, en la familia, en las amistades o en cualquier otro ámbito, la calidad de nuestra vida está relacionada de manera directa con la calidad de la persona que somos. Y para ser la mejor versión de nosotros, es importante dedicar tiempo y esfuerzo a nuestro crecimiento personal.

¿Cómo podemos comprometernos con nuestro desarrollo personal?

Planifica tu crecimiento: al igual que planificas tus vacaciones o tus finanzas, planifica tu desarrollo personal. Establece metas claras:

¿quieres leer un libro al mes?, ¿aprender una nueva habilidad?, ¿tomar un curso?, ¿hacer levitar las cosas? Luego, separa el tiempo para estas actividades en tu celular y hazlo intencionadamente.

El desarrollo personal es un proceso continuo de descubrimiento, aprendizaje y evolución. Al invertir en ti mismo, no solo te preparas para los giros inesperados de la vida, sino que también te armas para vivir una vida más rica, significativa y satisfactoria.

1.6 Perder la vergüenza

Nos esforzamos por controlar nuestros horarios, nuestras carreras, nuestras relaciones y, a menudo, incluso intentamos controlar a las personas que nos rodean. Eso está mal. Pero, por mucho que lo intentemos, hay una verdad: no todo está bajo nuestro control. Reconocer y aceptar esta verdad puede ser uno de los actos más liberadores que jamás realicemos.

La aceptación no debe significar resignación o pena. No significa que dejemos de esforzarnos o de perseguir nuestros sueños. Más bien, se trata de reconocer la realidad tal como es, de conocerme a mí y estar conmigo. No todos podemos escoger cómo nacer, ni dónde, ni quiénes son nuestros padres. Hay que aceptarlo y, a partir de ahí, marchar con la vista en alto hacia el futuro.

¿Cómo podemos cultivar esta actitud de aceptación en nuestra vida diaria?

La meditación de aceptación: dedica unos minutos al día para sentarte, preferiblemente sin distraerte, respira profundo y observa tus pensamientos y emociones sin juzgarlos. Si surge un pensamiento de resistencia o de querer controlar algo, solo reconócelo y déjalo pasar. Con el tiempo, esta práctica te ayudará a desarrollar una actitud más aceptadora hacia la vida.

Al abrazar la aceptación, nos liberamos del peso y la tensión de querer controlarlo todo. Encontramos paz en medio de la incertidumbre. Descubrimos una libertad y una alegría que quizás nunca supimos que estaban a nuestro alcance.

1.7 Actitud positiva: el transformador de la vida

La vida está llena de altos y bajos, de victorias y derrotas, de alegrías y tristezas. Es una red de experiencias que nos definen. Pero hay un factor que puede cambiar cómo vivimos cada uno de esos momentos: nuestra actitud. Una actitud positiva no solo ilumina los días soleados, sino que también puede ser la luz que nos guía a través de las noches más oscuras.

Tener una actitud positiva no significa ignorar los problemas, pretender que algo está bien cuando no lo está o creer que todo me va a ir mejor. Más bien, se trata de concentrarse en las soluciones en lugar de hacerlo en los problemas, de ver oportunidades en lugar de obstáculos, y de creer que, no importa lo difícil que sea la situación, hay algo bueno que puede surgir de ella.

¿Cómo podemos cultivar y mantener una actitud positiva en nuestra vida diaria?

Comienza el día agradeciendo: cada mañana, antes de levantarte, piensa en tres cosas por las que estés agradecido. Puede ser algo tan simple como el clima o algo más profundo, como el amor de tu familia. Al enfocarte en lo positivo desde el inicio del día, estableces el tono para el resto de tus horas.

Es importante recordar que, aunque no siempre podemos controlar lo que nos sucede, siempre podemos controlar cómo elegimos verlo.

1.8 Enfócate: el ancla

En la era moderna, con sus distracciones y el constante bombardeo de información, el uso del celular, los chats o redes sociales, es fácil perderse y olvidarse del aquí y ahora. Nuestros pensamientos a menudo vagan hacia el ayer reviviendo recuerdos o lamentando decisiones, llorando en algunos casos, o se proyectan con demasiado entusiasmo al futuro soñando con lo que podría ser. En medio de todo esto, el presente, ese preciso momento que es todo lo que en realidad tenemos, a menudo se nos escapa. Es un ciclo.

Aquí es donde entra el *mindfulness* o atención plena, una práctica ancestral que nos invita a estar completamente presentes en el momento actual, a observar nuestros pensamientos, emociones y sensaciones sin juzgarnos, solo siendo testigos de la experiencia tal como es. Sin mentiras, sin maquillaje, sin máscaras.

¿Cómo podemos integrar el *mindfulness* en nuestra vida diaria?

Respiración consciente: durante el día, tómate unos minutos para centrarte en tu respiración. Cierra los ojos y siente cómo el aire entra y sale de tus pulmones. Si tu mente comienza a perderse, tan solo trae tu atención de vuelta a la respiración. Concéntrate en ella todo el tiempo que puedas. Este simple acto puede ayudarte a calmarte en medio del caos diario.

El *mindfulness* es más que una técnica: es una forma de vida. Nos permite conectar con la profundidad de cada momento, encontrar paz en medio de la tormenta y navegar por las situaciones difíciles con una claridad y serenidad renovadas. Al practicar la atención plena, no solo mejoramos nuestra calidad de vida, sino que también abrimos la riqueza del ahora.

1.9 Elige

A través de los siglos, las enseñanzas estoicas nos recuerdan que, aunque no podemos controlar todo lo que nos sucede, siempre tenemos el poder de elegir cómo responderemos. Esta es la esencia del desarrollo personal y la base de una vida plena. Ahora bien, debemos poner en práctica todas estas enseñanzas, ya que el cambio no será de la noche a la mañana, pero sucederá en menos tiempo del que te imaginas.

Cada día nos presenta una nueva oportunidad para aprender, crecer y evolucionar. Las adversidades, por muy desafiantes que sean, vienen con lecciones valiosas. La clave está en nuestra actitud, en nuestra capacidad para abrazar el presente y encontrar el aprendizaje en cada experiencia. No lo olvides: al practicar la atención plena, al cultivar una actitud positiva y al recordar que siempre tenemos la libertad de elección, nos empoderamos para navegar por la vida con gracia y determinación.

Así que, mientras avanzas en este viaje de autodescubrimiento y crecimiento, te invito a que abraces cada momento, cada desafío, cada alegría. Ámate como si fueras el único ser vivo en la tierra. Recuerda que, en medio de la incertidumbre y el cambio, siempre hay una constante: tu capacidad para adaptarte, aprender y sobresalir. Eres mejor de lo que piensas, más sabio de lo que crees y más capaz de lo que imaginas.

La vida es un regalo, y cómo la vivimos es nuestro regalo para nosotros mismos y para quienes nos rodean. Así que respira profundamente, confía y recuerda que, en cada paso que das, llevas contigo la oportunidad de cambiar las cosas.

Eres una fuerza de la naturaleza imparable, capaz de causarles miedo a la comodidad, al confort, al cansancio de hacer lo mismo todos los días. Tienes tanto poder que los que te rodean comenzarán a sentirlo y a preguntarse cómo lo lograste.

No todo se puede controlar

1.10 Lista de reglas

- **Abrazando la incertidumbre**: siempre espera que lo peor suceda, así te podrás preparar mejor ante cualquier eventualidad. Sé precavido y nunca te confíes.

- **Reacción y respuesta**: no vaya a ser que luego tengamos que pedir perdón por alguna respuesta impulsiva. Es mejor no decir nada que decir mucho de nada.

- **La libertad de elección**: seamos responsables por nosotros. Nuestras decisiones no siempre serán las correctas. Ya sea que te equivoques o que triunfes, asúmelo.

- **Las lecciones ocultas de cada experiencia**: no existen las malas situaciones, solo son situaciones; depende de nosotros cuánto provecho les podamos exprimir. Es como el vaso medio vacío o medio lleno.

- **Desarrollo personal**: la mejor inversión que puedes hacer es contigo mismo. Al prepararte, no será necesario esperar a que otro venga a ayudarte.

- **Perder la vergüenza**: ser franco ante los demás es la mejor decisión que podrás tomar. No es un peso ser como eres; más bien, eso te hace único ante los demás.

- **Actitud positiva (el transformador de la vida)**: la mente es muy poderosa. Cuando la energía del pensamiento se conjuga con el universo, nos suceden cosas maravillosas.

- **Enfócate (el ancla)**: no pierdas el camino, no te distraigas, enfócate en lo que deseas encontrar; no hay otra manera de poder trabajar para llegar a una meta.

- **Elige**: no dudes, siempre escoge un lado o el otro, porque ni Dios aguanta a los tibios.

Capítulo II

Con un plan, los sueños se convierten en metas

En la infinita imaginación de nuestra mente, tan compleja e indecisa, existen constelaciones enteras de sueños. Algunos se quedan ahí, pegados con fuerza desde que éramos niños. Esos sueños, hasta hoy, nos recuerdan los días en los que, con ojos llenos de asombro, nos emocionaba imaginar que nos convertíamos en astronautas, futbolistas, cantantes, héroes, que cambiábamos el mundo, que curábamos el cáncer. Pero ese niño crece, y con él, los sueños cambian: algunos se destruyen con la frustración por malas decisiones y se vuelven más sencillos, sosos, relacionados con la situación en la que estamos.

Mientras que antes soñabas con convertirte en médico, ahora sueñas con llegar a casa después de un pesado día de trabajo, sacarte los zapatos, ponerte el pijama y ver una serie por televisión mientras te comes un balde entero de *pop corn* o chocolates, lo que sea, y con una bebida carbonatada al lado. Buen provecho. Revisar las redes sociales siempre es otra buena opción para perder el tiempo, ya te lo había mencionado más arriba.

¿Dónde se va ese niño? Desaparece, y con él, en muchos casos, la ilusión. Esos ojos asombrados se cansan, se cierran por ratos, se vencen. Duele, ¿verdad? A mí me dolía, hasta que me di cuenta de que ese niño seguía conmigo, me acompañaba, pero lo escondía porque tenía miedo o me desanimaba. Me embaucaba mi «adultez», mi «madurez», mi edad, y con ella, las responsabilidades del pago de la casa, del auto, de las deudas, el desear ganar más dinero haciendo lo que siempre hacía, pero lo que siempre hacía no servía, no funcionaba. Es de tontos esperar que actuando de la misma manera algo cambiará en algún momento.

Es bueno dudar, repensar cada decisión que se ha tomado. Presta atención y piensa en esto: imagina que tienes la oportunidad de poder viajar 10 minutos al pasado para reencontrarte contigo cuando tenías 12 años. ¿Qué le dirías? Sigo pensando que algún día me sucederá, que despertaré en mi antigua habitación en mi casa de Barranco y me veré jugando futbol en la calle, con sandalias, bendita costumbre. ¿Qué me diría? ¿Qué no me preocupe? ¿Qué tendré una buena vida? ¡Tonterías!

Ahora, lo mejor, imagínalo al revés: que toquen tu puerta y, cuando abras, te encuentres con tu yo del pasado, el de los 12 años. ¿Qué crees que le dirías? Apuesto a que no lo habías pensado. ¿Qué le dirías a ese niño soñador que deseaba con todas las ganas del mundo ser astronauta? ¡Qué decepción la mía! Nunca pude curar el cáncer o jugar fútbol profesional porque cada decisión que he tomado ha sido con base en nada, por lo menos, hasta los 36 años, que es la edad en la que desperté.

Me asustaba cada vez que pensaba en eso, en mi yo del pasado; sentía hasta pena, porque sabía que, debido a cada decisión que había tomado, la vida que tenía era muy distinta a la que había soñado. De seguro pensarás que no todo era tan malo, pues estaba sano y tenía un techo donde dormir, una familia que me amaba. Eso está muy bien y te felicito, pero si has llegado hasta este capítulo es porque hay algo en ti que no te deja dormir. Me sucedía exactamente lo mismo: aunque tuviera un buen trabajo y mantuviera una cierta comodidad, aún había vacío, metas pendientes, lágrimas inexplicables.

Te contaré algo: todavía no es tarde. ¡Fuerza, que no importa la edad, y las metas se pueden cumplir! Solo es cuestión de poder ordenarlas. Lo que sucede es que tal vez nadie nos enseñó cómo hacerlo, o quizás sí lo hicieron, pero no lo aprendimos, porque no le dimos la importancia que merecía. Séneca ya nos decía: «Cuando un hombre no sabe a qué puerto se dirige, ningún viento es favorable».

El mapeo de las metas es una herramienta fundamental para que las decisiones importantes se tomen con el compromiso de cumplirlas. Claro está que es necesario entrar en contexto, puesto que, si no comprendes qué relevancia tiene, no la utilizarás como deseo que lo hagas.

2.1 Diferencia entre sueños y metas

Todos, en algún momento de nuestras vidas, nos hemos tumbado en la hierba mirando al cielo y soñando despiertos. Estos sueños pueden ser tan simples como desear que llegue el domingo para descansar o tan grandes como imaginar un viaje al Polo Norte. Son visiones, deseos, anhelos que flotan en nuestra mente, a menudo acompañados de la frase «cómo quisiera...».

Sueños: son el punto de partida, el chispazo inicial. Son esas visiones o deseos que surgen de nuestro interior, a veces impulsados por nuestras pasiones, experiencias o incluso por cosas que vemos o escuchamos. Son amplios, sin límites, y a menudo carecen de un plan concreto. Son el «qué» de nuestra aspiración: ¿qué deseo?, ¿qué me gustaría lograr? Sí, lo sé, muchas preguntas.

Alguien podría soñar con ser escritor. Esa visión de sentarse en un escritorio, escribir historias y compartir ideas con el mundo es emocionante y motivadora. Pero ¿cómo se llega allí? Es entonces cuando entran las metas.

Metas: son sueños con armadura puesta. Deben ser específicas, medibles, y lo aconsejable es que tengan un plazo determinado.

Al establecer metas, estamos tomando ese sueño que flota y lo estamos convirtiendo en algo real, con un plan de acción. Estamos definiendo el «cómo» y el «cuándo». Siguiendo con el ejemplo anterior, si alguien sueña con ser escritor, una meta podría ser: «escribiré 500 palabras todos los días durante los próximos tres meses». Esta meta es específica (500 palabras), medible (puedes contar las palabras) y tiene un plazo (tres meses).

Entonces, la transformación de un sueño en una meta implica tres pasos clave:

- **Estructura**: definir de forma clara lo que quieres lograr. Esto implica ser específico sobre el resultado deseado y cómo lo reconocerás cuando lo alcances.

- **Plazos**: establecer un marco de tiempo realista pero desafiante para tu meta. Esto crea un sentido de urgencia y compromiso.

- **Acciones concretas**: desmembrar la meta en pasos o tareas específicas que te acercarán a tu objetivo. Estas acciones son las que te guiarán día a día.

Mientras que los sueños son el combustible que enciende nuestra pasión y nos da una dirección, las metas son el vehículo que nos lleva a nuestro destino deseado. Ambos pesan lo mismo, y uno es tan necesario como el otro. Porque, como dijo Antoine de Saint-Exupéry (2012): «Un objetivo sin un plan es solo un deseo».

2.2 Metas a corto, mediano y largo plazo

Las metas actúan como nuestra brújula, guiándonos a través de lo desconocido y llevándonos a destinos deseados. Pero no todas las metas son iguales. Algunas son como islas cercanas que podemos alcanzar rápidamente, mientras que otras son continentes lejanos. Es aquí donde las metas a corto, mediano y largo plazo entran en juego.

Metas a corto plazo: son las metas que esperas alcanzar en un futuro cercano, por lo general, en un período de semanas a meses. Son como los primeros pasos en un viaje, pues te ayudan a ganar confianza y construir momentos. Por ejemplo, si tu objetivo a largo plazo es correr un maratón, una meta a corto plazo podría ser correr 5 kilómetros sin parar. Estas metas son esenciales porque nos gratifican y nos mantienen motivados para futuros desafíos más grandes.

Metas a mediano plazo: actúan como puentes entre tus metas a corto y largo plazo. Por lo común, se extienden desde varios meses hasta algunos años. Siguiendo con el ejemplo anterior, una meta a mediano plazo podría ser completar un medio maratón.

Estas metas te permiten ver el progreso hacia tu objetivo final y ajustar tu enfoque si es necesario.

Metas a largo plazo: son tus grandes sueños, las visiones que te impulsan y te motivan a seguir adelante, incluso cuando el camino se pone difícil. Son metas que esperas alcanzar en varios años o incluso décadas. En nuestro ejemplo, correr un maratón completo sería una meta a largo plazo. Estas metas requieren paciencia, perseverancia y una planificación.

Al establecer metas en estos tres horizontes, te aseguras de tener una combinación de logros rápidos y desafíos a largo plazo. Las metas a corto plazo te dan la satisfacción y el impulso para seguir adelante, las metas a mediano plazo te ofrecen hitos significativos en tu viaje, y las metas a largo plazo te mantienen enfocado en tu visión más grande.

2.3 Siempre hay un plan B

¿Alguna vez has sentido que la vida no es justa o que tienes mala suerte? Planeas, te preparas, visualizas cada paso y, de repente, aparece un obstáculo inesperado en tu camino. Es en esos momentos, en los que el camino es incierto, cuando surge el plan B.

Un plan B no es un consuelo, sino una estrategia. No es un refugio para los derrotados, sino el arma secreta de los visionarios, de los tercos, de los enfocados. Mientras que el plan A es tu meta idealizada, el plan B es ese amigo silencioso que espera escondido, listo para llevarte adelante cuando el camino original ya no es transitable. Así que no está de más incluirlo en el proceso para lograr tus metas, porque las cosas, como ya ha sido explicado, no se pueden controlar, pero para eso sirven las estrategias.

La verdadera fortaleza no surge al seguir un camino sin desvíos, sino al tener la audacia de adaptarse, de cambiar de dirección cuando es necesario y de seguir adelante con determinación. El plan B es esa luz en la cueva más oscura.

Imagina por un momento: estás en un barco navegando hacia un destino soñado, pero, de repente, una tormenta cambia tu rumbo. Es entonces cuando el plan B se convierte en tu brújula y te guía a través de las aguas más terribles hacia puertos seguros.

En la vida, no siempre podemos adivinar que habrá tormentas, pero podemos prepararnos para ellas. Y esa preparación, ese plan B, es lo que nos da la confianza para enfrentar lo desconocido. Es un recordatorio de que, aunque no siempre podemos controlar los vientos, sí podemos ajustar nuestras velas.

Así que, la próxima vez que te sientas desanimado porque tu plan A no está funcionando, recuerda que el plan B no es un paso atrás, sino un salto hacia nuevas posibilidades. Es una invitación a la innovación, a la adaptabilidad y, sobre todo, a la perseverancia, porque, al final del día, no se trata de cómo empiezas, sino de cómo terminas.

2.4 Persiste

Todos hemos estado allí. Comenzamos un nuevo proyecto o nos fijamos una nueva meta con bastante entusiasmo y alegría, pero, con el tiempo, nos encontramos con piedras, grandes y pesadas; esas piedras son los desafíos, que a veces parecen ser insuperables. Es en esos momentos de duda y desánimo cuando la persistencia se convierte en nuestra espada, la aliada más valiosa, el arma con la que se puede cortar cualquier piedra que esté en frente.

La persistencia no es solo seguir adelante por el simple hecho de hacerlo: es esa chispa interna que nos impulsa a continuar, incluso cuando todo parece ir en contra. La persistencia es como nadar en contra de la corriente queriendo alcanzar el barco, ya casi sin aliento, pero seguimos, tercos e inquebrantables; es la capacidad de mantener el rumbo, de seguir adelante a pesar de los contratiempos, rechazos o fracasos. Pero ¿por qué es tan crucial?

La persistencia está íntimamente ligada a dos conceptos: la resiliencia y la determinación. La resiliencia es esa capacidad de recuperarse con rapidez de las dificultades. No se trata de evitar los fracasos, sino de aprender de ellos, de verlos como oportunidades de crecimiento, de desarrollo, de valor, oportunidades que nos ayudarán a ser gigantes. La determinación, por otro lado, es esa fuerza interna que nos dice que no nos rindamos, que hay luz al final del túnel, que al final de la pelea todo estará bien.

Alcanzar metas rara vez es un camino recto: a menudo, es un viaje movedizo lleno de altos y, en mayor magnitud, bajos. Y en este viaje, la persistencia es nuestra brújula, la que nos permite navegar manteniendo siempre la vista en nuestro destino final.

Pero ¿cuál es la verdadera recompensa de la persistencia? No es solo alcanzar nuestras metas: es el crecimiento personal que experimentamos en el proceso. Es convertirnos en versiones más fuertes, más resilientes y más sabias de nosotros mismos. Porque somos una fuerza de la naturaleza capaz de lograr lo que sea.

Así que, la próxima vez que te enfrentes a un desafío, recuerda el poder de la persistencia. Abraza el viaje, con todos sus altos y bajos, y confía en que, con determinación y resiliencia, llegarás a tu destino.

2.5 Visualiza

La mente humana es una entidad fascinante. Tiene la capacidad de viajar en el tiempo reviviendo momentos pasados o proyectándose hacia futuros aún no realizados. La visualización es una de esas herramientas mentales que nos permiten, de manera intencionada, visitar ese futuro deseado y experimentarlo antes de que se materialice.

La visualización no es solo un acto de imaginación: es un puente robusto, tangible, entre el presente y el futuro que deseamos, y nuestra alma lo sabe. Cuando nos permitimos sumergirnos en una experiencia futura, aunque sea solo en un escenario imaginativo, estamos haciendo algo poderoso: estamos creando una conexión emocional con ese destino. Esta conexión emocional actúa como un imán que nos atrae hacia ese futuro y nos da la energía y determinación para hacerlo realidad.

Pero, ¿por qué es tan efectiva la visualización? Quiero que aprendas lo que me dijo alguna vez un maestro, así que presta atención: **nuestro cerebro tiene dificultades para diferenciar entre lo que es real y lo que es imaginado**. Bueno, ahora te lo explico: cuando visualizamos, activamos las mismas redes neuronales que se activarían si estuviéramos experimentando esa situación en la vida real. Esto significa que, a nivel neuronal, «practicar» en nuestra mente puede ser casi tan beneficioso como hacerlo en la realidad. ¿Acaso no has visto que los deportistas olímpicos, sobre todo los de salto largo, incluyen en esa visualización el gesto deportivo o ademán del salto? Es obvio: además de entrenar el cuerpo, también entrenan la mente.

Al visualizar, no solo vemos el resultado final (como sostener un trofeo o recibir un reconocimiento), sino que también podemos experimentar las emociones asociadas con ese logro: el orgullo, la satisfacción, la alegría. Estas emociones actúan como combustible, pues nos impulsan a actuar y a superar los obstáculos que, inevitablemente, encontraremos en el camino.

La visualización no solo nos da una visión clara de nuestro destino, sino que también nos proporciona un mapa emocional para llegar allí. Cada vez que nos sumergimos en esa visión del futuro, reforzamos nuestra determinación, reafirmamos nuestro compromiso y redirigimos nuestra energía. Es como si cada sesión de visualización fuera un faro que ilumina el camino en los momentos de oscuridad o duda.

Además, la visualización tiene el poder de transformar nuestra perspectiva. En lugar de ver los obstáculos como barreras insuperables, comenzamos a verlos como desafíos que, una vez superados, nos acercan aún más a nuestra meta. Nos volvemos más resilientes, más adaptativos y, sobre todo, más confiados en nuestra capacidad para moldear nuestro futuro.

En el núcleo de la visualización yace una verdad fundamental: somos los arquitectos de nuestra realidad. Aunque no siempre podemos controlar las circunstancias externas, sí tenemos el poder de decidir cómo respondemos a ellas y cómo nos preparamos para el futuro. La visualización es esa herramienta que nos permite diseñar, construir y vivir la vida que siempre hemos imaginado.

Todos los días, date unos minutos y ponte cómodo. Sentado, echado o parado, cierra los ojos y busca en tu mente qué es lo que quieres lograr. Puedes comenzar con metas a corto plazo; por ejemplo, imaginarte siendo ascendido o recibiendo las llaves de tu auto nuevo. Visualízalo como si estuviera pasando; sonríe o llora, pero encuentra la emoción que se correspondería con el logro de esa meta. Si lo haces cada día de tu vida, verás que esa visión llegará tan pronto como la fuerza de tu mente lo permita.

2.6 Disciplina

Disciplina es una palabra que solemos relacionar con *rigidez*, *estructura* y *estricto*. Pero, en su esencia, la disciplina es mucho más que eso: es el arte de la consistencia, el compromiso con uno mismo y la dedicación a un propósito o meta. Es la habilidad de mantenerse firme en el camino, incluso cuando el entusiasmo inicial ha disminuido o cuando las distracciones intentan desviarnos.

Mientras que la persistencia es la capacidad de seguir adelante, a pesar de los obstáculos y desafíos, la disciplina es lo que nos mantiene en el camino día tras día, incluso cuando no enfrentamos obstáculos. Es la fuerza interna que nos impulsa a levantarnos temprano para hacer ejercicio, a elegir una comida saludable en lugar de una opción menos nutritiva, o a dedicar tiempo diario a nuestra pasión o proyecto, incluso cuando hay otras tentaciones, como tirarnos en el sofá a ver televisión.

La disciplina vs. la persistencia

Si bien ambas son esenciales para el éxito, hay una diferencia marcada entre la persistencia y la disciplina. La persistencia es la tenacidad con la que enfrentamos y superamos los desafíos, es la determinación de seguir adelante a pesar de las adversidades. Por otro lado, la disciplina es la estructura y la rutina que establecemos, es el compromiso diario con nuestras metas, independientemente de si nos sentimos motivados o no. Es decir, la persistencia es el «por qué» y la disciplina es el «cómo».

Por ejemplo, un escritor puede enfrentar un bloqueo creativo (un obstáculo) y necesita persistencia para superarlo. Sin embargo, la disciplina es lo que lo lleva a sentarse todos los días a la misma hora para escribir, más allá de si se siente inspirado o no. Lo admito, es mi caso. De vez en cuando me cuesta escribir, pero el desarrollo de la disciplina me ayudó a terminar este mi primer libro.

El poder transformador de la disciplina

La disciplina tiene el poder de transformar no solo nuestras acciones, sino también nuestra mentalidad. Al comprometernos de manera consistente con nuestras metas y mantenernos fieles a nuestras decisiones, comenzamos a construir una confianza inquebrantable en nosotros mismos. Aprendemos que podemos confiar en nuestra palabra y en nuestra capacidad para seguir adelante, incluso cuando las circunstancias no son las mejores.

La disciplina crea hábitos. Y los hábitos, una vez establecidos, actúan como base en nuestra vida, sosteniendo nuestras aspiraciones y sueños. Con el tiempo, lo que una vez requirió un esfuerzo consciente y deliberado se convierte en una segunda naturaleza que nos permite avanzar hacia nuestras metas con una facilidad y fluidez que antes parecía inalcanzable.

2.7 Celebra los pequeños logros

En la carrera hacia nuestras metas más grandes, es fácil quedar atrapados en la visión del objetivo final y olvidar el valor de cada pequeño paso que damos en el camino. Sin embargo, cada uno de estos pasos, por más minúsculo que parezca, es una pieza esencial del mosaico que estamos construyendo. Y merece ser celebrado.

El poder de los pequeños logros

Los pequeños logros son como las piedras que cruzan un río caudaloso: por sí solos, pueden parecer insignificantes, pero juntos nos permiten cruzar de un lado al otro sin mojarnos. Cada tarea completada, cada obstáculo superado y cada pequeño éxito son pruebas tangibles de nuestro progreso. Nos muestran que estamos avanzando, que vamos por buen camino y que nos encontramos un paso más cerca de nuestro objetivo final.

¿Por qué celebrar?

Celebrar estos logros tiene un impacto profundo en nuestra psicología. Primero, nos proporciona una dosis instantánea de gratificación, una recompensa por nuestro esfuerzo y dedicación.

Esta gratificación actúa como un refuerzo positivo que nos incentiva a seguir adelante y a esforzarnos aún más.

Además, al tomarnos un momento para reconocer y celebrar, estamos practicando la gratitud. Estamos agradeciendo por nuestro progreso, por nuestra capacidad de actuar y por las oportunidades que se nos presentan. Esta actitud de gratitud, a su vez, cultiva una mentalidad positiva, lo que nos hace más resilientes y optimistas en nuestro viaje.

Combustible para el viaje

Estos momentos de celebración son, en esencia, el combustible que alimenta nuestra marcha. Nos recargan, nos motivan y nos recuerdan, en primer lugar, por qué empezamos este viaje. Y, lo más importante, nos enseñan a disfrutar del proceso, no solo del destino. Porque, al final del día, es el viaje, con todos sus altibajos, lo que realmente da forma a nuestra experiencia y nos define como individuos.

Ejercicio práctico: Dedica un momento al final de cada semana para reflexionar sobre tus logros, por pequeños que sean. Anótalos en un diario o compártelos con alguien cercano. Siente la satisfacción que viene con cada logro y úsala como un trampolín para los desafíos de la próxima semana.

2.8 Mapa de metas: rompecabezas

El siguiente es un cuadro que, si gustas, puedes hacer a mano o en tu computadora para anotar tus metas de corto, mediano y largo plazo. Además, podrás apuntar lo que requieres para poder lograrlas.

ROMPECABEZAS				
¿Qué tengo?/¿Qué sé?				
Metas corto plazo				
¿Cómo?				
¿Para qué?				
Fecha				
Metas mediano plazo				
¿Cómo?				
¿Para qué?				
Fecha				
Metas lrgo plazo				
¿Cómo?				
¿Para qué?				
Fecha				

¿Y sirve? Por supuesto que sí. Este cuadro me ayudó a darme cuenta de que, antes de poder lograr una meta, tengo que ordenar la situación en la que me encuentro, plantear la base desde donde comienzo y el motivo.

El llenado es muy fácil. En el recuadro que dice «¿Qué tengo? / ¿Qué sé?», debes escribir, en el orden que te plazca, tus estudios, tus habilidades (como por ejemplo cantar), el dinero ahorrado, o las inversiones con las que cuentas o podrías contar. Es decir, las ventajas, si es que las tuvieras, con las que te puedes mover o que podrás utilizar una vez que determines a dónde deseas llegar.

Luego, en el cuadro donde indica «Metas a corto, mediano y largo plazo», escribirás tu meta. Debajo de cada una, está la pregunta «¿Cómo?», que significa cómo piensas trabajar para llegar a ella o qué es lo que necesitas para lograrla.

En un tercer espacio, está ubicado el llenado de la pregunta «¿Para qué?», en el cual debes explicar por qué elegiste esa meta. Tal vez, porque quieres hacer feliz a algún familiar o amigo, o porque sientes que te lo mereces. No importa, la cuestión es que resulta necesario siempre tener presentes una motivación y una fecha concreta en la que debería cumplirse la meta.

Ten en cuenta que es importante ser específico pero resumido. Yo inserté este cuadro en un archivo Excel, y, cada vez que me viene a la cabeza una meta, lo amplío y sigo escribiendo como si fuera el primer día.

Como verás, el «rompecabezas» no es difícil de llenar y solo te tomará algunos minutos, a menos que la resolución no sea tan rápida debido a que nunca se te ha ocurrido seriamente qué hacer con tu vida. En ese sentido, el análisis del «qué», del «cómo» y del «para qué» nos ayuda a estructurar nuestra mente, representando de forma más clara un camino que debemos seguir.

Creé este «rompecabezas» por necesidad, ya que no contaba con una guía, y hoy te lo regalo. Estoy seguro de que lo aprovecharás al máximo, así como yo lo hice, y de que te darás cuenta de que la satisfacción de completar el camino es personal, única.

Con un plan, los sueños se convierten en metas

2.9 Lista de reglas

- **Diferencia entre sueños y metas**: mientras los sueños son visiones que dan alas a nuestras aspiraciones, las metas son los escalones concretos que construimos para alcanzar esos sueños y hacerlos realidad.

- **Metas a corto, mediano y largo plazo**: las metas a corto plazo son las chispas que encienden la acción, las de mediano plazo construyen el puente hacia nuestro futuro, y las de largo plazo son los faros que iluminan nuestro horizonte.

- **Siempre hay un plan B**: la vida es impredecible, pero, con un plan B en la manga, estamos preparados para enfrentar cualquier desvío o sorpresa en nuestro camino.

- **Persiste**: la adversidad es solo un test de nuestra determinación. Al persistir, demostramos que nuestra pasión y nuestro propósito son más fuertes que cualquier obstáculo.

- **Visualiza**: al imaginar nuestro éxito, no solo vemos el destino, sino que sentimos la emoción y la pasión que nos impulsan a llegar allí.

- **Disciplina**: más que un acto de restricción, la disciplina es un compromiso diario con nosotros mismos, una promesa de que, pase lo que pase, seguimos adelante hacia nuestras metas.

- **Celebra los pequeños logros**: cada logro, por pequeño que sea, es una confirmación de nuestro esfuerzo y dedicación. Celebrarlos nos motiva a seguir adelante.

- **Mapa de metas (rompecabezas)**: nosotros usamos nuestras metas como un mapa que nos guía, paso a paso, hacia el éxito que deseamos.

Capítulo III

La decisión más difícil
es aceptarte a ti mismo

En el grandioso universo de la existencia humana, hay una constante que ha sido explorada, debatida y analizada por filósofos, psicólogos y pensadores de todas las épocas: la búsqueda de la autoaceptación. Carl Rogers (1994), uno de los psicólogos más influyentes del siglo XX, decía que «la aceptación de uno mismo es el núcleo de la salud mental». En efecto, ¿cómo podemos esperar amar y ser amados, o incluso entender el mundo que nos rodea, si no comenzamos por aceptarnos a nosotros mismos?

Tú, al igual que todos, tienes una historia única, llena de altos y bajos, de triunfos y fracasos, de alegrías y tristezas, de defectos, de fortalezas, de costumbres, malas o buenas. Así eres tú y es necesario que lo comprendas para que puedas mejorar cada aspecto que te caracteriza.

Cada cicatriz, cada sonrisa y cada lágrima han moldeado quien eres hoy. Pero, ¿cuántas veces te has detenido a mirarte en el espejo, no para juzgarte, sino para verte tal como eres? Virginia Satir, una renombrada terapeuta familiar, afirmaba que «necesitamos 4 abrazos al día para sobrevivir, 8 para mantenernos y 12 para crecer». ¿Cuándo fue la última vez que te abrazaste a ti mismo, con todas tus imperfecciones y maravillas?

La autoaceptación no es un destino, es un viaje. Un viaje que requiere valentía, introspección y, sobre todo, amor propio, mucho amor propio. En este punto, te invito a embarcarte en esta travesía, a descubrirte, a perdonarte, a celebrarte.

3.1 La trampa de la comparación

En un mundo dominado por las redes sociales, donde cada deslizamiento del dedo nos muestra vidas que parecen perfectas, es muy fácil caer en la trampa de la comparación. Pero ¿alguna vez te has detenido a pensar en lo que los antiguos filósofos estoicos dirían sobre esto? Los sabios de la antigüedad ya nos advertían sobre los peligros de medir nuestro valor en función de los demás, en función de compararse con quienes conocemos (y no conocemos, en realidad) por lo que tienen, por cómo es su aspecto físico o por cómo viven.

Sí, lo sé, yo también me comparaba, una terrible costumbre que me afectaba, física, mental y energéticamente. Tan es así que la depresión llegó a mi vida a los 22 años. Tomando como referencia a personas a las que conocía, me preguntaba: «¿Qué he logrado hasta hoy? Una carrera técnica inconclusa, sin metas cumplidas ni logros, sin trabajo». Ahí estaba yo, siendo carcomido por las redes sociales, como si el mundo se fuera a terminar mañana. Pero hay una cura, claro que sí. Y todo está escrito aquí.

La sabiduría atemporal de los estoicos nos enseña la importancia de centrarnos en nuestro propio camino y en lo que en verdad podemos controlar. Para ellos, cada individuo es único, con su propio conjunto de desafíos y triunfos. Compararse con otros es como comparar manzanas con naranjas: no tiene sentido. Cuando caemos en la trampa de la comparación, nos alejamos de nuestra esencia y nos perdemos en un laberinto de inseguridades y dudas.

Los peligros ocultos de la comparación

La comparación constante con los demás solo puede llevarnos a insatisfacción y tristeza. Nos encontramos en una carrera interminable tratando de alcanzar estándares que nada tienen que ver con nosotros. Los estoicos nos recordarían que, al hacer esto, estamos permitiendo que factores externos, que están fuera de nuestro control, dicten nuestra felicidad y autoestima.

Además, las redes sociales, aunque tienen muchos beneficios, a menudo presentan una versión distorsionada de la realidad. Recuerda: los defectos no venden, por eso en las redes sociales solo encontrarás vidas felices y hasta casi perfectas. Pero lo que vemos es solo un pedazo cuidadosamente maquillado de la vida de alguien, no la imagen completa. Al compararnos con estas representaciones idealizadas, nos estamos midiendo contra una ilusión. Te lo repito: las redes sociales casi siempre venden mentiras.

Epicteto, uno de los grandes maestros estoicos, nos enseñó que no debemos preocuparnos por cosas que están fuera de nuestro control. En lugar de compararnos con otros, deberíamos centrarnos en ser la mejor versión de nosotros mismos. Cada vez que sientas la tentación de mirar hacia los lados y medirte contra alguien más, recuerda sus palabras y regresa tu atención hacia ti. Olvídate del resto.

En lugar de dejarte llevar por la envidia o la tristeza, pregúntate a ti mismo: «¿Por qué siento esto? ¿Qué puedo aprender de este sentimiento?». Al hacer estas preguntas, te acercas un paso más a la autoaceptación. Respira, sé que puedes.

3.2 El mar interno de las emociones

Las emociones, esas poderosas olas que a menudo nos arrastran en un torbellino de sentimientos, son una parte intrínseca de la experiencia humana. Pero ¿qué dirían los estoicos sobre este mar interno que a veces parece tan incontrolable? ¿Cómo podemos aprender a aceptarnos a nosotros mismos, con todas nuestras emociones?

Los estoicos, con su enfoque en la razón y el autocontrol, nos enseñan que no debemos ser esclavos de nuestras emociones. Para ellos, no son malas por naturaleza; lo que importa es cómo respondemos a ellas. En lugar de ser arrastrados por la corriente de las emociones, debemos aprender a navegar sobre ellas, reconociéndolas, comprendiéndolas y, por último, eligiendo cómo actuar.

La dualidad de las emociones

Todas las emociones, ya sean positivas o negativas, tienen un propósito. La tristeza puede enseñarnos empatía, el miedo puede mantenernos a salvo y la alegría puede motivarnos a seguir adelante. Sin embargo, el problema surge cuando nos identificamos demasiado con una emoción, permitiendo que dicte nuestra autoimagen y acciones. Los estoicos nos recordarían que, aunque no podemos controlar cómo nos sentimos en un momento dado, sí podemos controlar cómo respondemos.

Y aquí es donde nos enseñan, además, que no son los eventos externos los que nos perturban, sino nuestra interpretación de ellos. Como ya lo había mencionado, depende de **cómo veas el vaso,** si medio vacío o medio lleno. Del mismo modo, no son las emociones en sí las que nos causan angustia o ansiedad, o lo que sea que sientas, sino cómo las interpretamos y actuamos en función de ellas.

Al practicar la autorreflexión, podemos aprender a ver nuestras emociones desde una distancia, sin juzgarlas, solo observándolas. Esa profundidad de poder observar cómo reaccionamos ante algún evento nos dice mucho sobre la actuación que debemos corregir para que, la próxima vez que suceda un evento similar, podamos tomar el control de nosotros mismos y actuar de una manera más efectiva.

Marco Aurelio (1983), en sus *Meditaciones*, escribió sobre la importancia de mantener una mente tranquila en medio de la tormenta. Al aceptar nuestras emociones como parte de la experiencia humana, y no como definiciones de quiénes somos, podemos encontrar esa calma interna, ese centro estoico.

Aquí te dejo algunos ejercicios que puedes hacer durante un evento que pueda resultar negativo o después de que haya sucedido.

- **Reflexiona sobre una emoción negativa reciente**: puede ser envidia, ira, tristeza, etc. Anota la situación que la desencadenó y cómo te sentiste.

- **Examina la emoción desde una perspectiva estoica**: pregúntate a ti mismo: «¿Qué juicios o creencias alimentan esta emoción?, ¿estoy comparándome con alguien más?, ¿estoy midiendo mi valor basado en estándares externos?». Cualesquiera de esas preguntas que tengan relación con la situación ayudarán.

- **Desafía esos juicios o creencias**: ¿Son en realidad verdaderos? ¿Hay otra manera de ver la situación? Los estoicos creían que no son los eventos en sí los que nos perturban, sino nuestros juicios sobre ellos.

- **Reescribe la narrativa**: una vez que hayas identificado y desafiado tus creencias, intenta reescribir la situación desde una perspectiva más aceptadora y compasiva hacia ti mismo.

3.3 Obstáculos de la autoaceptación

En tu viaje hacia la autoaceptación, es natural encontrarte con varios obstáculos en tus avances. Uno de los más molestos es la autocrítica excesiva. En un mundo que de manera constante te muestra estándares de perfección, es fácil caer en la trampa de ser tu peor crítico. Esa voz interna, que te susurra que no eres lo suficientemente bueno o que siempre podrías hacerlo mejor, puede provocar caídas emocionales.

Además, en la era de las redes sociales, es casi imposible no compararte con los demás. Ves las vidas de otras personas y te preguntas por qué la tuya no se ve tan perfecta. Pero lo que no ves son las luchas y desafíos que enfrentan detrás. Esta constante comparación puede llevarte a sentirte insuficiente y envidioso, lo que dificulta aún más tu autoaceptación.

Por si fuera poco, las heridas del pasado también pueden actuar como barreras. Las experiencias que te hicieron sentir rechazado, menospreciado o excluido pueden dejar cicatrices emocionales que te impiden ver tu verdadero valor. Estas experiencias pueden hacerte creer que no mereces amor, éxito o felicidad.

Desde una perspectiva estoica, estos obstáculos no son más que pruebas que la vida te presenta. Los antiguos estoicos sostenían que no puedes controlar todo lo que te sucede, pero sí tienes el poder de controlar cómo respondes a ello. Así que, en lugar de dejarte llevar por la autocrítica, la comparación o las heridas del pasado, puedes elegir enfrentar estos desafíos con madurez.

A medida que te enfrentas a estos obstáculos, es esencial recordar que tienes el poder de superarlos. Comienza por reconocer y ser consciente de ellos. Dedica tiempo a la introspección, a escuchar esa voz interna y a identificar qué barreras te están frenando. Una vez que las reconozcas, puedes empezar a desafiarlas.

La autocrítica puede ser contrarrestada con un diálogo interno positivo. Cada vez que esa voz crítica comience a hablar, enfréntala. Pregúntate si lo que estás pensando es cierto o si es solo un reflejo de viejas creencias y miedos. Recuerda las palabras de los estoicos, quienes creían que no somos perturbados por las cosas, sino por nuestras opiniones sobre ellas. El vaso medio vacío o medio lleno.

En cuanto a la comparación, intenta limitarla. Cada vez que te encuentres comparándote con alguien, recuerda que estás viendo solo una pequeña parte de su vida. En lugar de compararte con los demás, compárate con la persona que eras ayer y con la que serás mañana. Celebra tus logros, pequeños y grandes, reconoce tu progreso.

Las heridas del pasado pueden ser más difíciles de superar, pero no imposibles. Considera la posibilidad de perdonar, no por la otra persona, sino por ti mismo, para ti. Libera ese peso y permite que la sanación comience. Si sientes que es demasiado difícil hacerlo solo, busca el apoyo de amigos, familiares o profesionales. Al final, te lo agradecerás siempre.

3.4 Cultiva

Cada día te brinda una nueva oportunidad para conectarte contigo mismo y con el mundo que te rodea. Una de las formas más poderosas de hacerlo es a través de la meditación y el *mindfulness*. Estas prácticas te invitan a detenerte, respirar y simplemente ser. Al sumergirte en el presente, te das el espacio para observar tus pensamientos y emociones sin juzgarlos. Con el tiempo, esta observación te permite reconocer esos patrones de pensamiento negativos que a menudo obstaculizan tu autoaceptación. Al ser consciente de ellos, puedes empezar a desafiarlos y reemplazarlos por creencias más poderosas.

Agradece

Además de conectarte con el presente, es esencial que cultives una actitud de agradecimiento. ¿Has considerado alguna vez llevar un diario de gratitud? Esta simple práctica, que consiste en anotar tres cosas por las que estés agradecido cada día, puede transformar tu visión y ayudarte a centrarte en lo positivo. La gratitud te recuerda las bendiciones y logros en tu vida, por pequeños que sean, y te ayuda a valorarte más.

Pero, además de ser agradecido, es vital que practiques la autocompasión. Imagina por un momento que un amigo viene a ti sintiéndose mal. ¿Qué le dirías? Tal vez palabras de aliento y apoyo, lo que salga de tu corazón en ese momento. Ahora, ¿por qué no te tratas a ti mismo con la misma amabilidad? Cada vez que te enfrentes a la autocrítica o la duda, recuerda tratarte con la misma comprensión y cariño que le darías a ese amigo. Eres humano y, como todos, tienes imperfecciones, pero esas imperfecciones no disminuyen tu valor.

Afirmaciones positivas

Las palabras tienen un poder. Lo que nos decimos a nosotros mismos, ya sea en voz alta o en silencio, puede moldear nuestra mente y sentimientos. Las afirmaciones positivas son declaraciones que hacemos con el propósito de desafiar y controlar nuestros pensamientos y creencias, y reemplazarlos con pensamientos más positivos.

La realidad es interpretada a través de nuestros juicios y creencias. Es decir, no son los eventos externos los que nos perturban, sino nuestros juicios sobre ellos. El vaso medio vacío o medio lleno. Del mismo modo, no es la realidad objetiva de nosotros mismos lo que puede causarnos angustia, sino cómo nos juzgamos y percibimos. Las afirmaciones positivas actúan como herramientas para reconfigurar estos juicios y creencias, acercándolos a una visión más constructiva.

Por ejemplo, en lugar de decirte a ti mismo «no soy lo suficientemente bueno», una afirmación positiva podría ser: «Estoy en desarrollo y aprendizaje, y valoro quien soy hoy». Es positivo y es un hecho. Centenares de estudios han afirmado que pensar o decir cosas positivas nos ayuda a llevar una vida más plena.

Esta afirmación no solo desafía la creencia negativa original, sino que también te fortalece y te recuerda tu capacidad de crecimiento y cambio.

3.5 Fortalezas, debilidades y algo más

Cada uno de nosotros está construido con una mezcla única de fortalezas y debilidades. Estas características no solo definen quiénes somos, sino que también influyen en cómo nos movemos por el mundo, cómo interactuamos con los demás y cómo enfrentamos los desafíos que se nos presentan. Pero, más allá de estas dos categorías, hay un tercer elemento, a menudo pasado por alto, que es esencial para nuestro crecimiento y autoaceptación: el autoconocimiento.

Las fortalezas son esas habilidades innatas o adquiridas que nos permiten destacar en ciertas áreas de la vida. Son las cualidades que nos hacen sentir confiados, capaces y en nuestro elemento. Estas fortalezas no son solo para ser celebradas, sino también para ser utilizadas en servicio de algo más grande que nosotros mismos. Como decía Séneca: «No nacemos para nosotros mismos, sino para el mundo». Al reconocer y aprovechar nuestras fortalezas, no solo mejoramos nuestra propia vida, sino que también contribuimos al bienestar de los que nos rodean.

Por otro lado, nuestras debilidades son esas áreas en las que sentimos que nos falta habilidad o confianza. Sin embargo, en lugar de verlas como fallas o defectos, la filosofía estoica nos invita a verlas como oportunidades. Epicteto nos recordaba que no son los eventos externos lo que nos perturban, sino nuestra interpretación de ellos. Así, al enfrentar y aceptar nuestras debilidades, podemos transformarlas en oportunidades de aprendizaje y crecimiento.

Pero ¿qué hay del autoconocimiento? Es el puente que conecta nuestras fortalezas y debilidades. Es el proceso continuo de reflexión que nos permite entender quiénes somos en realidad, más allá de las etiquetas y juicios. Al sumergirnos en este viaje de autoexploración, comenzamos a ver que nuestras fortalezas y debilidades no son opuestas, sino complementarias. Juntas, forman el conjunto completo de quienes somos.

HERRAMIENTAS			
¿Qué de positivo tengo?	**Mejora**	**¿Cómo?**	**Beneficio**
Positivo			
Positivo			
Positivo			
Positivo			
Positivo			
Positivo			
Positivo			
Positivo			
¿Qué de negativo tengo?	**Mejora**	**¿Cómo?**	**Beneficio**
Negativo			
Negativo			
Negativo			
Negativo			
Negativo			
Negativo			
Negativo			
Negativo			
Negativo			

Lamentablemente, desarrollamos tanto aspectos negativos como positivos. Van en paralelo. La idea de la siguiente tabla es que puedas entenderte mejor y utilizar las herramientas que tienes en las manos para poder crecer. Lo bueno lo mejoramos, y lo malo también. Por eso te sugiero que llenes esta tabla para que puedas formar ese camino del perfeccionamiento de ti mismo hacia alguien que dé testimonio de que se puede cambiar.

Herramientas: en este cuadro, en la parte que dice «positivo» o «negativo», debes anotar alguna habilidad, costumbre, manía, don o comportamiento que haya en ti. Luego, en «mejora», escribirás cómo mejorarlo. Por ejemplo, si yo anotara como algo negativo despertarme demasiado tarde todos los días (digamos, a las 9 a. m.), la mejora consistiría en despertarme más temprano (tal vez, a las 7 a. m.). Luego, para responder la pregunta «¿cómo?», podría resolver acostarme una hora antes todos los días. Por último, el beneficio podría consistir en utilizar esas horas de la mañana para hacer la limpieza de la casa.

Es así como cambiamos una costumbre negativa por otra positiva. Ahora bien, debes ser lo más específico posible y anotar el beneficio esperado, ya que es la motivación por la cual quieres superar el reto.

La decisión más difícil es aceptarte a ti mismo.

3.6 Lista de reglas

- **La trampa de la comparación**: la comparación solo trae frustración y resentimiento. Cada persona es diferente y decide cómo salir adelante. En lugar de ponernos tristes, celebremos nuestra singularidad y que cada paso que damos es una victoria en sí.

- **El mar interno de las emociones**: no dejemos que las emociones controlen nuestro día. No puede ser que algún fastidio de 1 minuto arruine las siguientes 23 horas y 59 minutos. No dejes que un breve instante de turbulencia eclipse el horizonte de posibilidades.

- **Obstáculos de la autoaceptación**: aceptarse es difícil, pero ¡qué alivio cuando lo hacemos! Abrazar lo que somos nos permite pasar de caminar en el barro a poder seguir adelante por vereda asfaltada.

- **Cultiva**: no seamos insensatos en pensar que la vida es eterna. Es tiempo de cultivar lo positivo para que después, a falta de fuerza, no podamos cosechar. La vida es un jardín que requiere atención y cuidado.

- **Fortalezas, debilidades y algo más**: lo bueno y lo malo crecen en paralelo, y es posible sacar un beneficio de ello. Al reconocer y trabajar en ambos, descubrimos un potencial que ni siquiera sabíamos que teníamos.

Capítulo IV

«Dicere et facere» (haz lo que dices)

Imagina por un momento que cada palabra que pronuncias se convierte en una semilla. Algunas de estas semillas florecen en hermosos jardines, llenos de colores y vida, mientras que otras pueden dar lugar a plantas espinosas y malezas que obstruyen el camino.

Las palabras tienen ese poder: pueden construir o destruir, sanar o herir, inspirar o desanimar. Y, a menudo, en el calor del momento o dominados por nuestras primeras emociones, soltamos palabras sin medir realmente su impacto ni las consecuencias, y más cuando es contra alguien.

Desde la visión estoica, la racionalidad y la reflexión son esenciales. Marco Aurelio, el emperador filósofo, nos recordaba que debemos ser dueños de nuestras acciones y palabras, actuando siempre con propósito y consideración. Las palabras, una vez pronunciadas, no pueden ser recuperadas. Son como flechas lanzadas: una vez que dejan el arco, no hay vuelta atrás, hieren o matan.

Por eso, es importante que te detengas y reflexiones sobre el poder que hay en tu lenguaje. ¿Cuántas veces has dicho algo en un momento de ira y luego te has lamentado de haberlo hecho? ¿Cuántas veces una palabra amable ha iluminado tu día o el de alguien más? Las palabras son herramientas y, como cualquier herramienta, pueden ser usadas para construir o demoler.

Hay que comprender que, al final del día, lo que decimos es un reflejo de quiénes somos y de lo que llevamos en nuestro corazón. Aprender a comunicarnos con intención y cuidado es uno de los regalos más valiosos que podemos ofrecernos a nosotros mismos y a los que nos rodean. Por ello es que vamos a extendernos en este punto un poco más, pues es muy positivo que lo entendamos a la perfección, ya que la boca es casi siempre la primera que se equivoca cuando algo no sucede como lo esperamos.

4.1 El poder de las palabras

En el bullicioso mercado de la antigua Atenas, las palabras eran más que simples sonidos: eran herramientas, armas y, a veces, regalos. Los estoicos, con su profunda sabiduría, entendían esto mejor que nadie. Para ellos, la palabra tenía una energía que podía moldear realidades, influir en destinos y cambiar vidas.

Epicteto, uno de los grandes maestros estoicos, decía: «No somos perturbados por las cosas, sino por la opinión que tenemos de ellas». El vaso medio lleno o medio vacío. Esta enseñanza nos recuerda que las palabras que elegimos para describir nuestras experiencias, para narrar nuestras historias, tienen el poder de influir en cómo percibimos y sentimos el mundo a nuestro alrededor, y en cómo los demás sienten nuestro mundo también. Si siempre te dices a ti mismo que eres incapaz o que la vida es injusta, esas palabras se convierten en tu realidad. En cambio, si eliges palabras de empoderamiento y esperanza, tu perspectiva puede cambiar de forma drástica.

Séneca, otro pilar del estoicismo, nos insta a ser cautelosos con nuestras palabras. En sus cartas, menciona cómo el habla precipitada puede ser más perjudicial que cualquier acto impulsivo. En efecto, una vez que las palabras salen de nuestra boca, no pueden ser recuperadas, igual que la flecha después de dejar el arco. Así que, antes de hablar, debemos pensar: «¿Mis palabras aportarán algo positivo a la conversación o situación?, ¿son necesarias?».

Ahora, piensa en tu propia vida. ¿Cuántas veces has dicho algo de lo que luego te arrepentiste? ¿Cuántas veces las palabras de alguien te afectaron profundamente, para bien o para mal? Las palabras tienen peso, y, como aprendices de la filosofía estoica, es nuestro deber manejarlas con cuidado y respeto, ya que pueden ser un arma de doble filo.

Un ejercicio práctico que puedes adoptar, inspirado en la reflexión estoica, es llevar un diario de palabras. Al final de cada día, dedica unos minutos a anotar las palabras o frases que dijiste y que tuvieron impacto, ya sea positivo o negativo. Léelo y reflexiona sobre ellas. ¿Fueron dichas con intención? ¿Qué podrías mejorar la próxima vez?

Las palabras son, en esencia, un reflejo de nuestra mente y alma. Usémoslas con sabiduría, siguiendo la guía de las enseñanzas estoicas, para construir un mundo más comprensivo y empático. Si no sabes qué decir, entonces, mejor mantente en silencio. Menos es más.

Autodisciplina mental

Las palabras, en su esencia, son manifestaciones externas de nuestros pensamientos internos. Los estoicos creían con firmeza en la importancia de la autodisciplina mental. Para ellos, la mente era como un jardín, y los pensamientos, las semillas. Si alimentas tu mente con pensamientos negativos o destructivos, esas son las semillas que plantarás, y las palabras que crecerán serán el fruto de esas semillas.

El estoicismo nos enseña a ser dueños de nuestra mente, a ser guardianes de la puerta de entrada a nuestros pensamientos. Cuando practicamos la vigilancia mental, nos volvemos más conscientes de las palabras que elegimos usar. En lugar de reaccionar de manera impulsiva, nos detenemos, reflexionamos y elegimos palabras que estén alineadas con nuestros valores y principios.

En este sentido, un concepto estoico clave es la *prosoché*, que puede traducirse como 'atención' («Prosoché, la meditación estoica», 2021). ¿Recuerdas cuando hablamos de *mindfulness*? Pues, para esto también sirve la *prosoché*, ya que es la práctica de estar presente y consciente en cada momento, de prestar atención a nuestros pensamientos, acciones y, sí, palabras. Al practicarla, nos volvemos más conscientes de las palabras que decimos y de su impacto en nosotros mismos y en los demás.

Práctica de la «prosoché»

Dedica unos minutos cada mañana y cada noche a reflexionar sobre tus palabras y acciones del día. Pregúntate: «¿Mis palabras reflejaron mis valores hoy? ¿Cómo puedo mejorar mañana?». Esta práctica te ayudará a alinear tus palabras con tus principios y a vivir una vida más auténtica y en armonía con la filosofía estoica.

4.2 La escucha activa

La escucha activa no es solo oír lo que alguien dice, sino prestar atención, comprender y responder a lo que se está comunicando. Es una habilidad que requiere práctica y paciencia, y es fundamental para la comunicación efectiva.

La escucha activa se alinea a la perfección con las enseñanzas de los estoicos, quienes valoraban la sabiduría y el autocontrol, y ¿qué mejor manera de demostrar ambos que escuchando de forma activa y paciente a los demás? Epicteto dijo una vez: «Tenemos dos oídos y una boca para que escuchemos el doble de lo que hablamos». Esta simple frase encapsula la esencia de la escucha activa.

Al aplicar la atención plena a la escucha, te vuelves completamente presente en la conversación. No estás pensando en tu respuesta o en tus propios problemas: estás enfocado en quien te está hablando. Esta calidad de presencia es un regalo que puedes ofrecer a los demás, mostrando que valoras y respetas lo que tienen que decir.

Por otro lado, al practicar la escucha activa, aprendes a controlar tus reacciones y emociones. En lugar de interrumpir o reaccionar a la defensiva, te tomas un momento para procesar lo que se ha dicho y respondes con empatía.

Humildad al escuchar

Si escuchamos de manera activa, practicamos la humildad, pues reconocemos que no lo sabemos todo y que cada persona tiene algo valioso que compartir. Al abrirnos a las perspectivas de los demás, enriquecemos nuestro propio entendimiento y crecimiento personal. No lo sabemos todo: abramos nuestra mente, tomemos lo mejor de la conversación y aprendamos.

Una forma efectiva de practicar la escucha activa es mediante el ejercicio del «reflejo». Cuando alguien te hable, en lugar de responder de inmediato, toma un momento para reflejar lo que te han dicho. Por ejemplo, si alguien te dice: «He tenido un día muy difícil en el trabajo», podrías responder: «Parece que tuviste un día complicado». Este simple acto de reflejar lo que la otra persona ha dicho demuestra que de verdad estabas escuchando y que te importa lo que tiene que decir.

La escucha activa no solo mejora nuestras habilidades de comunicación, sino que también nos permite construir relaciones más profundas con los demás. Haz un esfuerzo consciente para estar presente por completo. No interrumpas, no planees tu respuesta mientras la otra persona está hablando. Solo escucha.

4.3 La comunicación no verbal

La comunicación no verbal es una parte esencial de cómo interactuamos con los demás. A menudo, lo que no decimos con palabras tiene un impacto más profundo que lo que expresamos verbalmente. En esta forma de comunicación, se trata de gestos, posturas, expresiones faciales y el tono de voz, entre otros. Es una herramienta poderosa que, cuando se utiliza de forma adecuada, puede mejorar nuestras interacciones y relaciones con los demás.

La comunicación no verbal es una manifestación directa de nuestros pensamientos y sentimientos internos, y refleja nuestra verdadera esencia.

Una forma de mejorar nuestra comunicación no verbal es prestando atención a cómo nos sentimos por dentro y cómo eso se refleja en nuestro lenguaje corporal. Por ejemplo, si te sientes nervioso o inseguro, es probable que tu postura sea encorvada y tus movimientos sean rígidos. Al ser consciente de esto, puedes hacer un esfuerzo consciente para relajarte y adoptar una postura más abierta y confiada. Además, practicar la atención plena o *mindfulness* puede ayudarte a estar más presente en tus interacciones y a ser más consciente de tu comunicación no verbal.

Los gestos son importantes, ya que pueden demostrar que eres una persona segura o insegura. Aquí te dejo algunos de ellos para que tomes práctica y tu imagen pueda resaltar seguridad:

- **Postura erguida**: mantener la espalda recta y los hombros hacia atrás transmite confianza y seguridad en uno mismo.

- **Contacto visual firme**: mirar a los ojos de la otra persona de manera constante, pero no fija, demuestra confianza y sinceridad.

- **Gestos abiertos**: mantener las palmas de las manos visibles y los brazos abiertos puede indicar honestidad y disposición.

- **Gestos controlados**: movimientos suaves y deliberados, en lugar de rápidos o nerviosos, pueden mostrar que una persona está calmada y en control.

- **Sonrisa genuina**: una sonrisa que involucra los ojos, conocida como «sonrisa Duchenne», puede indicar felicidad y confianza.

- **Espacio personal**: ocupar un espacio adecuado, sin encogerse de hombros o hacerse pequeño, muestra comodidad y seguridad en el entorno.

- **Apretón de manos firme**: un apretón de manos seguro y firme (sin ser demasiado fuerte) es un signo clásico de confianza.

- **Caminar con propósito**: una marcha segura y decidida puede transmitir confianza y determinación.

- **Gestos de asentimiento**: asentir con la cabeza en momentos apropiados durante una conversación puede mostrar que se está seguro de lo que se está diciendo o de lo que se está escuchando.

- **Espacio personal respetado**: mantener una distancia cómoda y respetuosa con los demás muestra seguridad sin necesidad de invadir el espacio personal de los otros.

4.4 La comunicación reactiva

En el arte de la comunicación, la reactividad es un enemigo que acecha en las sombras de nuestras interacciones diarias. Es esa chispa impulsiva que nos incita a responder sin pensar, a dejar que nuestras emociones tomen el volante y nos lleven por caminos de discusión. Evitar la comunicación reactiva, entonces, se convierte en una habilidad crucial para mejorar nuestras relaciones.

Imagínate en medio de una discusión acalorada: las palabras vuelan como flechas, cada comentario es una provocación que pide a gritos una respuesta. En ese momento, la pausa se convierte en tu aliada más poderosa. Respira hondo, cuenta hasta diez, haz lo que necesites para dar un paso atrás y observar la situación desde fuera. Esta pausa, aunque breve, es un escudo contra la impulsividad, un espacio sagrado donde la razón puede volver a tomar las riendas.

¿Y qué pasa con nuestras emociones en todo esto?

A menudo, son ellas las que nos empujan a reaccionar sin pensar. Por ello, el control emocional es esencial. Reconocer nuestras emociones, darles nombre y entender su origen nos da poder sobre ellas. No se trata de reprimirlas, sino de comprenderlas para que no se conviertan en marionetas de nuestras palabras.

La empatía es la llave que nos permite entrar en el mundo del otro. A través de ella, podemos ver la situación desde sus ojos, sentir un poco de lo que siente. La empatía nos humaniza y suaviza nuestras respuestas. Nos recuerda que, al otro lado de la conversación, hay un ser humano con una vida que no conocemos.

Cuando las palabras del otro son confusas, la comprensión es nuestra herramienta para encontrar lo relevante. Preguntar, en lugar de asumir, nos salva de malentendidos que pueden llevar a riñas. Es un acto de humildad y de respeto, una invitación a que el otro se exprese más claramente.

En este camino hacia una comunicación consciente y no reactiva, cada palabra que elegimos es un ladrillo en el puente que estamos construyendo. Palabras consideradas, medidas, que buscan construir en lugar de destruir. Palabras que son fruto de la reflexión, y no de la emoción desbordada.

Un lenguaje que invita al diálogo en lugar de cerrar puertas, que busca la comprensión mutua en lugar de la victoria personal, que abraza en lugar de empujar, que acoge en lugar de rechazar.

Pero todo esto requiere una profunda autoconciencia, conocer nuestros desencadenantes, esos botones que, cuando se presionan, desatan nuestra reactividad. Conocerlos es el primer paso para desactivarlos y evitar que nos lleven por el camino de la respuesta impulsiva.

4.5 El arte de pedir disculpas

El arte de pedir disculpas es una habilidad que va más allá de un simple «lo siento». Es un acto de valentía, una muestra de vulnerabilidad y humildad que puede reparar puentes, sanar heridas. En el centro de una disculpa verdadera, sincera, yace el reconocimiento de nuestro error y el impacto que este ha tenido en otros.

Imagina que has cometido un error que ha herido a alguien que te importa. El primer paso es reconocer ese error, no solo en tu mente, sino en voz alta, decirlo. Este reconocimiento es el fundamento de una disculpa sincera, es admitir que, como ser humano, eres falible y que tus acciones tienen consecuencias.

Una vez que has reconocido tu error, es crucial expresar arrepentimiento. No se trata de un simple «lo siento» que se dice por compromiso, sino de un «lo siento» que nace de un verdadero sentimiento de arrepentimiento por el daño causado. Es mostrar que comprendes la gravedad de tus acciones y que lamentas profundamente el dolor que has infligido.

¿Qué puedes hacer para enmendar el daño causado?

A veces, puede ser algo tangible, como reemplazar algo que se ha roto. Otras veces, puede ser una promesa de cambio, un compromiso de que trabajarás para que ese error no se repita.

La reparación es un puente hacia el perdón, pero no garantiza que este se otorgue. Pedir disculpas no es una transacción en la que esperas algo a cambio. Es un acto de dar sin esperar, de ofrecer una rama de olivo sin saber si será aceptada.

Y aquí es donde entra la paciencia. El proceso de sanación lleva tiempo, y cada persona avanza a su propio ritmo. No puedes apresurar el perdón, no puedes exigirlo. Todo lo que puedes hacer es ofrecer tu disculpa sincera y dar espacio y tiempo para que las heridas sanen.

A veces, una disculpa puede abrir un diálogo sobre problemas más profundos, sobre patrones de comportamiento que necesitan ser abordados. Es una oportunidad para crecer, para aprender y para fortalecer la relación.

Pero también es importante reconocer que hay disculpas que no serán aceptadas, y eso está bien. Todo está bien. No tienes control sobre cómo los demás reaccionarán a tu disculpa. Lo que sí tienes es control sobre tus acciones y tu disposición para aprender de tus errores.

4.6 Las palabras y la autoestima

Como dijimos líneas más arriba, las palabras tienen un poder inmenso: son capaces de construir o destruir, de elevar o aplastar. En el contexto de la autoestima, las palabras que elegimos para hablar de nosotros mismos y las que permitimos que otros usen para describirnos pueden tener un impacto profundo en cómo nos vemos y valoramos.

Imagina que tu mente es un jardín y las palabras son las semillas que plantas en él. Si siembras semillas de crítica, duda y desprecio, esas serán las plantas que crecerán: solo maleza. En cambio, si eliges semillas de afirmación, aprecio y respeto, cultivarás un jardín de autoaceptación y amor propio.

El primer paso para utilizar las palabras como herramientas para fortalecer la autoestima es la autoconciencia. Presta atención a tu diálogo interno. ¿Qué palabras usas cuando piensas en ti mismo? ¿Son amables y compasivas, o críticas y duras? Este diálogo interno es el narrador de tu vida, y tiene el poder de influir en cómo te sientes contigo mismo.

Si tu diálogo interno es negativo, es hora de cambiar el guion

Comienza por desafiar esos pensamientos negativos. Cuando te sorprendas siendo duro contigo mismo, haz una pausa y pregúntate: «¿Diría esto a un amigo?». Si la respuesta es «no», entonces, no mereces escucharlo tú tampoco.

El siguiente paso es practicar la autocompasión. Habla contigo mismo como lo harías con un amigo que quieres. Sé amable, comprensivo y motivador. Reconoce tus esfuerzos y celebra tus logros, por pequeños que sean. Las palabras de aliento y apoyo son como agua y sol para las plantas en tu jardín mental.

Afirmaciones positivas II

Y de nuevo lo decimos, estas son declaraciones que refuerzan la autoestima y la confianza. Por ejemplo, en lugar de decir «No soy lo suficientemente bueno», prueba con «Estoy creciendo y aprendiendo cada día». Repite estas afirmaciones con frecuencia, y, con el tiempo, comenzarán a sentirse más verdaderas.

Además, es crucial establecer límites con respecto a cómo permites que otros te hablen. Si alguien usa palabras que dañan tu autoestima, es tu derecho expresar que eso no es aceptable. Defenderse a uno mismo es una forma de reforzar el respeto propio.

Por último, recuerda que las palabras son solo una parte de la ecuación. Deben ir acompañadas de acciones que reflejen y refuercen tu valor y autoestima. Trata bien a tu cuerpo, invierte en tu crecimiento personal y rodéate de personas que te apoyen y te valoren.

Haz lo que dices

4.7 Lista de reglas

- **El poder de las palabras**: tus palabras tienen el poder de construir puentes o levantar muros. Elige tus palabras con sabiduría, pues ellas pueden inspirar, motivar y transformar.

- **La escucha activa**: la escucha activa es el regalo de tu presencia total. Al escuchar de verdad, no solo oyes las palabras, sino que también comprendes los sentimientos y pensamientos detrás de ellas.

- **La comunicación no verbal**: tu cuerpo habla incluso cuando estás en silencio. Tu lenguaje corporal, tus gestos y tu expresión facial son un eco de tus palabras. Alinea tu comunicación no verbal con tus palabras y verás cómo se fortalece la confianza y la conexión con los demás.

- **Evitar la comunicación reactiva**: responde, no reacciones. La comunicación reactiva es impulsiva y a menudo conduce a malentendidos y conflictos. Tómate un momento para respirar y elegir tus palabras con intención.

- **El arte de pedir disculpas**: pedir disculpas es un acto de valentía y humildad. Reconocer tus errores y buscar repararlos muestra integridad y respeto. Una disculpa sincera puede sanar heridas y restaurar relaciones.

- **Las palabras y la autoestima**: las palabras que eliges para hablar contigo mismo moldean tu realidad. Habla contigo mismo como lo harías con un amigo querido. Cultiva un diálogo interno positivo y verás cómo florece tu autoestima y tu confianza.

Capítulo V

Costo de oportunidad

El «costo de oportunidad» es un concepto económico que se refiere al valor de la mejor alternativa a la que se renuncia al tomar una decisión. En otras palabras, es el beneficio que podrías haber recibido al elegir la siguiente mejor alternativa. Este concepto ayuda a entender que cada elección tiene un costo implícito, ya que, al elegir una opción, estamos renunciando a los beneficios potenciales de otras opciones.

Este concepto es fundamental en la teoría económica y no se atribuye a un solo autor o libro, sino que es un principio básico enseñado en la economía. Sin embargo, uno de los economistas más influyentes que habló sobre el costo de oportunidad fue Friedrich von Wieser (1914), quien acuñó el término «coste alternativo» en su libro *Theorie der gesellschaftlichen Wirtschaft*.

Para entenderlo mejor, el costo de oportunidad es escoger, entre dos opciones, la que mayor beneficio te da; por ejemplo, si un sábado debes elegir entre ir al gimnasio o ir de fiesta, el mejor beneficio será, en caso de que te guste mantenerte activo físicamente, ir al gimnasio, aunque perderás la posibilidad de socializar en la fiesta. Los dos lados tienen un beneficio, pero uno es mayor que otro; todo depende de cuáles sean tus prioridades.

5.1 Prioriza lo importante

En la vida, nos enfrentamos siempre a un sinfín de decisiones y tareas. Algunas son comunes, corrientes, cotidianas, mientras que otras tienen el poder de cambiar el curso de nuestras vidas. Aprender a distinguir entre lo urgente y lo importante es una habilidad crucial que todos debemos desarrollar. Aquí es donde entra en juego el arte de priorizar.

La matriz de Eisenhower

Una herramienta útil para priorizar las tareas es la matriz de Eisenhower, atribuida al presidente Dwight Eisenhower, la cual fue popularizada por Stephen Covey (1989) en su libro *Los 7 hábitos de la gente altamente efectiva*. Se trata de una técnica de gestión del tiempo que te ayuda a priorizar las tareas dividiéndolas en cuatro categorías:

1. **Importante y urgente**: tareas que debes hacer de inmediato.
2. **Importante pero no urgente**: tareas que puedes programar para hacer más tarde.
3. **No Importante pero urgente**: tareas que puedes delegar a alguien más.
4. **No Importante y no urgente**: tareas que tal vez deberías eliminar.

Por lo tanto, debes tener en cuenta los siguientes aspectos:

- **Enfócate en lo Importante**: las tareas importantes son aquellas que contribuyen a nuestros objetivos a largo plazo. A menudo, estas tareas no son urgentes, y por eso las posponemos.

Sin embargo, son las que nos proporcionan un verdadero sentido de logro y satisfacción.

- **Aprende a decir «no»**: decir «no» a tareas, actividades y demandas no importantes es necesario para mantener nuestro enfoque en lo que de verdad importa. Al liberar tiempo y recursos de las cosas que no son importantes, podemos dedicar más energía a nuestras prioridades.

- **Establece metas claras**: tener metas claras y bien definidas es esencial para priorizar con eficacia. Cuando sabes a dónde quieres ir, es más fácil decidir qué pasos son necesarios para llegar allí y cuáles son distracciones.

- **Reflexiona**: tómate un tiempo cada semana para reflexionar sobre tus actividades. Pregúntate si están alineadas con tus metas y valores. Si no es así, es hora de hacer algunos ajustes.

Aquí te dejo algunos ejercicios prácticos que a mí me ayudaron mucho a administrador mi vida, mis decisiones y Castilla.

Ejercicio práctico: la lista de prioridades

- Escribe todas las tareas y actividades que tienes en mente.
- Utiliza la matriz de Eisenhower para clasificarlas.
- Comprométete a enfocarte en las tareas importantes, incluso si no son urgentes.
- Aprende a decir **«no»** o a delegar las tareas que no son importantes.
- Al final de la semana, revisa tu progreso y ajusta según sea necesario.

Priorizar lo importante no siempre es fácil, pero es esencial para vivir una buena vida. Al hacerlo, no solo aumentarás tu productividad y eficiencia, sino que también encontrarás propósito en tu vida diaria.

Aquí te dejo un ejemplo de la matriz de Eisenhower para que puedas aplicarla de una vez en tu quehacer diario:

Supongamos que tienes una lista de tareas que incluye:

- preparar una presentación para el trabajo (importante y urgente),
- responder a correos electrónicos (no importante pero urgente),
- planificar tus vacaciones (importante pero no urgente),
- navegar en redes sociales (no importante y no urgente).

Usando la matriz de Eisenhower, clasificarías cada tarea de la siguiente manera:

- **Cuarto 1**: preparar la presentación para el trabajo, porque tiene una fecha límite próxima y es crucial para tu rendimiento laboral.
- **Cuarto 2**: planificar tus vacaciones, ya que es algo que te importa y te beneficiará a largo plazo, pero no tiene una fecha límite inmediata.
- **Cuarto 3**: responder a correos electrónicos, algo que puede parecer urgente, pero quizás no sean críticos para tus objetivos a largo plazo.
- **Cuarto 4**: navegar en redes sociales, lo que tal vez no es ni urgente ni importante, y podría ser una distracción de tus objetivos.

Tabla 1. Matriz de Eisenhower		
	Urgente	**No urgente**
Importante	**Cuarto 1**	**Cuarto 2**
	Crisis	Planificación
	Proyectos con fecha límite próxima	Prevención
	Tareas urgentes importantes	Formación
		Relaciones
		Recreación
No importante	**Cuarto 3**	**Cuarto 4**
	Interrupciones	Trivialidades
	Algunas llamadas	Actividades de evasión
	Algunos correos	Tareas que ocupan tiempo sin importar valor
	Algunas reuniones	

La idea es centrarse en las tareas del cuarto 1 y planificar tiempo para las del cuarto 2, mientras que se delegan o eliminan las tareas de los cuartos 3 y 4, siempre que sea posible.

5.2 El valor del tiempo

En el corazón de la filosofía estoica está la comprensión de que el tiempo es nuestro recurso más valioso y limitado. Los estoicos, como Séneca (2018) en sus *Cartas a Lucilio*, nos recuerdan constantemente que, mientras podemos ganar y perder posesiones materiales, el tiempo perdido nunca se recupera. Por ello, cada segundo cuenta y debe ser invertido, no gastado, en actividades que enriquezcan nuestra alma y nos acerquen a la vida virtuosa.

Para vivir de acuerdo con este valor, debemos ser conscientes de cómo elegimos pasar cada día. La procrastinación, el enemigo de la acción, es vista en el estoicismo como un ladrón del tiempo que nos aleja de nuestras metas y propósitos. En cambio, la acción deliberada y consciente, que se alinea con nuestros valores más profundos, es la forma de valorar el tiempo que se nos ha dado.

El estoicismo también nos enseña a reflexionar sobre lo transitoria que es la vida. Marco Aurelio (1983), en sus *Meditaciones*, contempla la brevedad de la existencia humana y la importancia de vivir cada día como si fuera el último. Esta perspectiva no es para que tengamos miedo, sino para motivarnos a actuar con propósito, con urgencia, para que al final de nuestras vidas podamos mirar hacia atrás sin arrepentimiento, sabiendo que hemos vivido como hemos deseado.

Además, el estoicismo defiende que es necesario tener una vida simple pero enfocada. Al reducir las distracciones y concentrarnos en lo que en verdad importa, podemos asegurarnos de que nuestro tiempo se gaste en lo que verdaderamente enriquece nuestras vidas y la de los demás. Esto no significa renunciar a los placeres de la vida, sino más bien elegir aquellos que nos proporcionan una alegría que dure y contribuya a nuestro crecimiento personal.

El valor del tiempo en el estoicismo se extiende a la paciencia y la comprensión de que algunas cosas requieren un período de maduración. No todas las metas y proyectos se realizan de inmediato: algunos necesitan tiempo para desarrollarse. Por lo tanto, debemos aprender a esperar con tranquilidad y confianza, sabiendo que estamos invirtiendo nuestro tiempo con sabiduría, incluso cuando los resultados no son inmediatos.

Estos son algunos ejercicios sencillos que puedes poner en práctica si deseas que tu tiempo sea productivo:

- **Ejercicio de priorización diaria**: cada mañana, toma unos momentos para reflexionar sobre tus actividades planificadas. Pregúntate si estas actividades contribuyen a tu crecimiento personal. Si no es así, considera reajustar tus prioridades.

- **Práctica de la atención plena**: el estoicismo y la atención plena comparten la importancia de vivir en el presente. Un ejercicio simple es hacer pausas regulares durante el día para centrarte en tu respiración y observar tus pensamientos y acciones sin juzgar, manteniendo tu enfoque en el momento actual. Respira.

- **Ejercicio de visualización negativa (premeditatio malorum)**: imagina que has desperdiciado tu día en actividades sin importancia. ¿Cómo te sientes al respecto? Este ejercicio no es para desanimarte, sino para motivarte a hacer cambios positivos en cómo utilizas tu tiempo.

- **Establecimiento de metas con intención**: define metas claras que reflejen tus valores y lo que quieres lograr en la vida. Divide estas metas en pasos y reparte tiempo cada día o semana para trabajar en ellos asegurándote de que cada acción sea beneficiosa.

- **La regla de los cinco minutos**: cuando te enfrentes a la procrastinación, a la flojera, comprométete a trabajar en la tarea solo por cinco minutos. A menudo, el simple acto de comenzar elimina la barrera mental y te lleva a un estado de flujo.

- **Evaluación del tiempo**: realiza un seguimiento de cómo gastas tu tiempo durante una semana. Luego, evalúa si tus actividades reflejan tus prioridades con el fin de ajustar la siguiente semana hacia algo más productivo.

- **Decir «no» con sabiduría**: aprende a decir «no» a compromisos que te quitan tiempo para las cosas que son de verdad importantes para ti. Esto puede requerir práctica, pero es esencial para darle mejor valor a tu tiempo.

5.3 Oportunidades y renuncias

En la intersección de las oportunidades y las renuncias, la filosofía estoica nos ofrece una brújula para navegar por las complejas decisiones de la vida. Cada oportunidad que se presenta viene con el costo de renunciar a otras, y es aquí donde la sabiduría estoica nos enseña a discernir con claridad. Nos insta a preguntarnos: «¿Esta oportunidad está alineada con mi propósito? ¿La renuncia que acompaña esta elección me acerca o me aleja de mi mejor yo?».

Los estoicos nos animan a abrazar las renuncias como parte del camino hacia una vida plena. No se trata de lamentar lo que dejamos atrás, sino de celebrar lo que elegimos perseguir. Al reconocer que no podemos tenerlo todo, nos liberamos para sumergirnos completamente en las oportunidades que hemos elegido con intención. Esta práctica de atención plena y elección deliberada nos lleva a un compromiso más profundo con nuestras acciones y, en última instancia, a una vida de significado y satisfacción.

Al reflexionar sobre oportunidades y renuncias, la filosofía estoica nos invita a considerar la transitoriedad de todas las cosas y la importancia de vivir de acuerdo con nuestros valores fundamentales. En cada decisión que tomamos, hay una oportunidad que se gana y otra que se pierde, y es este delicado equilibrio el que define el tejido de nuestras vidas.

Los estoicos nos aconsejan enfocarnos en lo que está dentro de nuestro control: nuestras acciones, juicios y, sobre todo, nuestra capacidad para perseguir lo que es esencial y dejar de lado lo que no lo es.

¿Estamos persiguiendo lo que de verdad valoramos o estamos siendo arrastrados por distracciones?

La autorreflexión estoica nos guía para actuar con propósito y sabiduría, recordándonos que cada renuncia es también una afirmación de nuestros valores, un paso hacia la libertad personal. En la aceptación de que no todas las oportunidades pueden ser tomadas, encontramos la libertad de comprometernos plenamente con las que elegimos, cultivando una vida de intención y significado.

5.4 El costo de no seguir tu pasión

El costo de no seguir tu pasión es un tema que resuena mucho en la búsqueda del desarrollo personal y la realización. La pasión no se ve como un capricho emocional, sino como una inclinación hacia aquello que resuena en nuestro corazón y mente. No seguir esa llamada interna puede resultar en una vida de conformidad y frustración, en la que tu potencial individual permanece sin explorar y todo queda sin hacerse.

La felicidad proviene de vivir siguiendo nuestra naturaleza y razón

Ignorar nuestras pasiones genuinas puede llevarnos a un estado de apatía o, peor aún, a una vida vivida en contra de nuestra propia naturaleza, lo que puede ser una fuente de gran angustia y arrepentimiento. El costo de no seguir tu pasión, entonces, se mide no solo en términos de las oportunidades perdidas y los sueños no realizados, sino también en esa voz interna y la falta de integridad personal que surge de no vivir como quisiéramos.

La pasión debe ser guiada por la razón

El costo de ignorar esta llamada interna es doble: por un lado, perdemos la oportunidad de alcanzar nuestro potencial pleno y, por otro, podemos experimentar un malestar interno por no vivir una vida que consideramos auténtica y significativa.

Evaluación de pasiones y virtudes

Una práctica útil podría ser la evaluación de nuestras pasiones a través de la reflexión. Esto implica sentarse en un lugar tranquilo y preguntarse:

- **¿Qué me apasiona realmente?**: Identifica aquellas actividades que te hacen sentir vivo, con propósito.

- **¿Cuál es el costo de no perseguir estas pasiones?**: Reflexiona sobre cómo te sentirías en cinco, diez o veinte años si no actúas de acuerdo con estas pasiones. Imagina tanto el mejor como el peor escenario para tener una visión equilibrada.

- **Plan de acción**: si decides que seguir tus pasiones es esencial para tu vida buena, establece pasos para integrar estas actividades en tu vida diaria, incluso si es de manera pequeña al principio.

Esta práctica no solo puede ayudarte a evitar el costo de no seguir tu pasión, sino que también puede proporcionarte una hoja de ruta para una vida más auténtica y satisfactoria.

5.5 La aceptación de las consecuencias

La vida, en su incesante fluir, suele depararnos resultados inesperados. Algunos son fruto de nuestras decisiones, mientras que otros son solo el resultado de la complejidad del mundo que nos rodea, de lo que no se puede controlar. No es una resignación pasiva, sino un reconocimiento valiente de que, aunque no podemos controlar los eventos externos, sí tenemos dominio sobre nuestras respuestas internas, sobre nuestras emociones.

En *Meditaciones*, Marco Aurelio (1983), el emperador filósofo, nos ofrece una mirada estoica sobre la aceptación: «Acepta las cosas a las que el destino te ata y ama a las personas que el destino te trae, pero hazlo con todo tu corazón». Esta cita nos invita a abrazar la vida tal como viene, con sus altibajos, y a encontrar propósito en nuestras acciones, más allá de las circunstancias.

Ejercicio de aceptación estoica

- **Reflexión matutina**: comienza el día con una meditación sobre la aceptación. Piensa en las posibles consecuencias que el día puede traer y prepárate para aceptarlas.
- **Afirmaciones estoicas**: crea afirmaciones basadas en enseñanzas estoicas que puedas repetir en momentos de desafío; por ejemplo: «Yo elijo responder con virtud y sabiduría a todo lo que la vida me presenta».

La aceptación de las consecuencias no es un camino fácil, pero es un camino que conduce a la libertad y la paz interior. Al adoptar esta práctica, no solo nos preparamos para enfrentar la vida con mayor eficacia, sino que también nos alineamos con un mejor flujo de existencia.

La aceptación de las consecuencias es un acto para valientes. Es el coraje de enfrentar la realidad tal como es, no como quisiéramos que fuera. Al hacerlo, no solo nos alineamos con los principios estoicos, sino que también encontramos una mayor claridad, propósito y, en última instancia, una sensación de armonía con el orden natural del mundo.

5.6 El arte de dejar ir

Hay una fortaleza y una libertad en el arte de dejar ir. No se trata de indiferencia, sino de discernir lo que está en nuestro poder cambiar y lo que no. Al soltar aquello que no podemos controlar, nos liberamos del deseo que a menudo nos ata a la insatisfacción y al sufrimiento.

Identificación y liberación

Haz una lista de las cosas que te preocupan o te causan estrés. Junto a cada una, identifica si está dentro de tu control o no. Para aquellas que no lo están, practica conscientemente el acto de liberación, visualizando que las dejas ir.

Dedica unos minutos cada día a meditar sobre la naturaleza transitoria de la vida. Reflexiona sobre cómo aferrarse a cosas, personas o situaciones es un intento de detener el flujo natural del universo.

En lugar de lamentar lo que podría haber sido, practica la gratitud por lo que es. Por cada cosa que dejas ir, encuentra algo por lo que estar agradecido en tu vida actual.

El arte de dejar es el arte del equilibro

Debemos equilibrar nuestra necesidad de actuar con nuestra capacidad de aceptar. Al dominar este arte, no solo seguimos el camino de los estoicos hacia una vida virtuosa, sino que también encontramos una mayor paz en nuestra vida cotidiana. Es un recordatorio de que, aunque no podemos controlar los vientos del destino, podemos ajustar nuestras velas para navegar con sabiduría.

Costo de oportunidad

5.7 Lista de reglas

- **Prioriza lo importante**: enfoca tu energía en lo que de verdad importa. Al priorizar, te empoderas para vivir una vida llena de propósito y significado.

- **El valor del tiempo**: cada segundo cuenta. Usa tu tiempo con sabiduría, persiguiendo lo que te apasiona y lo que te hace crecer.

- **Oportunidades y renuncias**: cada elección conlleva una renuncia. Aprende a elegir oportunidades que resuenen con tus valores y sueños.

- **El costo de no seguir tu pasión**: no ignorar tus pasiones es vital. La vida es demasiado corta para no hacer lo que amas.

- **La aceptación de las consecuencias**: toma decisiones conscientes y acepta las consecuencias con gracia. Cada elección es una lección de vida.

- **El arte de dejar ir**: libérate de lo que te detiene. Dejar ir es un acto de fortaleza y un paso hacia la libertad personal.

Capítulo VI

Nunca esperes nada de nadie

En el viaje de la vida, a menudo nos encontramos atrapados en la red de expectativas, esperando que los demás cumplan con nuestras necesidades y deseos. Error. Esta dependencia de la aprobación, el apoyo o el amor de otros puede convertirse en una fuente de frustración y desilusión, limitando nuestra capacidad de experimentar la verdadera libertad y felicidad. Es en este momento cuando nos sumergiremos en la filosofía de la autosuficiencia y la liberación de las expectativas. Inspirándonos en los principios estoicos, exploraremos cómo el desapego de las expectativas nos permite vivir con mayor autenticidad, paz interior y resiliencia.

Abordaremos la importancia de cultivar la autosuficiencia emocional, la autonomía personal y la gestión efectiva de las decepciones. A través de reflexiones profundas y consejos prácticos, te guiaremos en el camino hacia una vida más plena y satisfactoria, donde la felicidad y el contentamiento provienen de tu interior, y no de las acciones o aprobaciones de los demás. Descubrirás cómo establecer relaciones más saludables y equilibradas, basadas en la libertad y el respeto mutuo, en lugar de en expectativas y obligaciones.

Este capítulo es una invitación a reevaluar tus interacciones y percepciones, a encontrar fortaleza en tu independencia y a abrazar la gratitud en cada aspecto de tu vida.

6.1 La libertad de no esperar a nadie

Adoptar la filosofía de no esperar nada de nadie es un camino hacia la libertad emocional y la paz interior. Esta práctica, arraigada en la filosofía estoica, nos enseña a encontrar serenidad en nuestra capacidad para controlar nuestras reacciones y emociones más que en las acciones de los demás. Al liberarnos de las expectativas, cultivamos una autonomía emocional que nos protege de las decepciones y nos permite mantener nuestra paz interior, sin importar las circunstancias externas.

Esta libertad también transforma nuestras relaciones, pues las hace más saludables y equitativas. Al dejar de esperar que los demás actúen de cierta manera, eliminamos la presión y la tensión innecesarias, y creamos un ambiente de aceptación y respeto mutuo.

Cada acto de bondad o apoyo que recibimos se convierte en una fuente de alegría y gratitud, lo cual nos permite apreciar más profundamente las pequeñas cosas y valorar las relaciones genuinas.

En última instancia, la libertad de no esperar nos impulsa hacia el crecimiento personal. Nos volvemos más proactivos en buscar recursos y habilidades que fortalezcan nuestra independencia y autoconfianza. Aprendemos a vivir en el momento presente, aceptando la vida tal como viene, y encontramos satisfacción en nuestro propio ser y en nuestras propias acciones. Este enfoque nos lleva a una vida más plena y auténtica, donde la paz interior se convierte en nuestra fortaleza inquebrantable.

- **Cultiva la autoconfianza:** refuerza tu autoconfianza desarrollando habilidades y conocimientos que te permitan depender menos de los demás. Esto te ayudará a sentirte más seguro y capaz de manejar situaciones por ti mismo.

- **Practica la gratitud**: en lugar de enfocarte en lo que los demás no te dan, concéntrate en agradecer lo que sí recibes. La gratitud te ayuda a apreciar las cosas buenas de la vida, sin importar su tamaño o fuente.

- **Establece límites claros**: aprende a decir «no» y a establecer límites saludables en tus relaciones. Esto te ayudará a evitar situaciones en las que puedas sentirte decepcionado por expectativas no cumplidas.

- **Desarrolla la resiliencia emocional**: trabaja en tu capacidad para manejar las decepciones y los reveses. La resiliencia te permite recuperarte con mayor rapidez y seguir adelante sin quedar atrapado en la negatividad.

- **Vive en el presente**: practica la atención plena y enfócate en el momento actual. Esto te ayudará a liberarte de preocupaciones sobre lo que otros podrían o no hacer en el futuro.

- **Reflexiona sobre tus expectativas**: tómate un tiempo para reflexionar sobre tus expectativas y pregúntate si son realistas. A menudo, esperamos de los otros más de lo que estamos dispuestos a dar.

6.2 Autosuficiencia y autonomía

La base de la filosofía estoica es el concepto de autosuficiencia y autonomía, principios que nos enseñan a encontrar fortaleza y satisfacción en el yo, sin depender de factores externos o de la aprobación de otros. Esta idea no solo es liberadora, sino que también es esencial para cultivar una vida plena.

La autosuficiencia no implica aislamiento o rechazo de las relaciones sociales. Más bien, se trata de reconocer que la fuente de nuestra verdadera felicidad y paz reside en nuestro interior. Los estoicos creían que, al depender menos de las posesiones materiales, el estatus social o la validación externa, podríamos alcanzar una mayor serenidad y estabilidad emocional. Esta forma de autosuficiencia nos lleva a valorar nuestras propias capacidades y a confiar en nuestra habilidad para enfrentar los desafíos de la vida.

La autonomía, por otro lado, se refiere a la capacidad de tomar decisiones independientes, basadas en nuestros propios valores y juicios. Se nos anima a reflexionar sobre nuestras elecciones para asegurarnos de que estén alineadas con nuestros principios éticos y personales. Al ejercer la autonomía, nos hacemos responsables de nuestras acciones y de sus consecuencias, lo que nos da un sentido de control sobre nuestras vidas.

Para poner en práctica estos principios, podemos empezar por dedicar tiempo al autoconocimiento. Esto implica cuestionar nuestras motivaciones, identificar nuestras verdaderas pasiones y valores, y reflexionar sobre cómo nuestras acciones reflejan estos ideales. También es importante cultivar la flexibilidad mental para aprender a adaptarnos a las circunstancias.

La autosuficiencia y la autonomía nos liberan de la carga de buscar de manera constate la aprobación y el reconocimiento externos. Debemos aprender sobre la satisfacción en nuestra propia compañía y en nuestras propias acciones, lo que nos lleva a una vida más centrada. Al abrazar estos principios, no solo nos fortalecemos a nosotros mismos, sino que también estamos mejor equipados para contribuir positivamente al mundo que nos rodea.

6.3 El desapego de los resultados

El concepto del desapego de los resultados es un aspecto crucial en la búsqueda de la satisfacción personal. Esta idea nos enseña que la verdadera paz mental se encuentra no en la obtención de resultados específicos, sino en la aceptación y el manejo de cualquier resultado que la vida nos presente.

El primer paso hacia el desapego es comprender que, aunque podemos influir en los resultados a través de nuestras acciones y decisiones, no tenemos control total sobre ellos, cuestión que se buscó explicar en el capítulo I. Hay innumerables factores externos que pueden afectar el resultado final de cualquier situación. Al aceptar esta realidad, nos liberamos de la carga de la expectativa y la ansiedad que a menudo acompaña al deseo de un resultado específico.

Otra dimensión importante del desapego es la relación con las expectativas que tenemos sobre los demás. Esperar ciertos comportamientos o respuestas de las personas a menudo conduce a la decepción y el resentimiento. Al practicar el desapego, aprendemos a aceptar a los demás tal como son, sin imponer nuestras propias expectativas y deseos sobre ellos. Esto no solo nos libera de la frustración innecesaria, sino que también mejora nuestras relaciones, lo cual nos permite interactuar con los demás de manera más comprensiva.

Para cultivar el desapego en la vida diaria, podemos comenzar practicando la atención plena y la meditación. Estas prácticas nos ayudan a centrarnos en el presente y a aceptar las cosas tal como son, sin juzgarlas o desear que sean diferentes. También es útil reflexionar con frecuencia sobre la naturaleza dinámica de la vida y recordar que todo, tanto lo bueno como lo malo, pasa. Nada nunca es eterno.

Un ejercicio práctico para fomentar el desapego es escribir nuestras expectativas y luego reflexionar sobre cómo influyen en nosotros. Al hacerlo, podemos empezar a soltar aquellas que nos causan estrés y ansiedad, y reemplazarlas por una actitud de apertura y aceptación hacia lo que la vida nos trae.

Otra práctica fácil de llevar es, cuando tengamos algún evento por delante, pensar en cuál sería la peor situación que podría pasar; no se trata de ser fatalista, sino de estar mejor preparados mentalmente por si esa situación ocurriera.

Sin embargo, hay que aclarar que el desapego de los resultados no significa renunciar a nuestros objetivos o dejar de esforzarnos. Más bien, se trata de encontrar un equilibrio entre actuar con intención y soltar el apego a resultados específicos. Al adoptar esta actitud, no solo encontramos una mayor paz y satisfacción personal, sino que también nos volvemos más resilientes y capaces de enfrentar los desafíos de la vida con tranquilidad.

6.4 La libertad en la indiferencia

La libertad en la indiferencia es un concepto que nos invita a centrarnos en lo que está dentro de nuestro control, lo cual nos permite liberarnos de la preocupación por las acciones y opiniones de los demás. Esta idea nos enseña que la verdadera libertad se encuentra en la aceptación de lo que no podemos cambiar y en el enfoque en nuestras propias acciones y reacciones.

Primero, es esencial reconocer que las opiniones y acciones de los demás están fuera de nuestro control. A menudo, nos encontramos atrapados en la trampa de preocuparnos por lo que otros piensan o hacen, lo que puede llevar a la frustración y la ansiedad. La indiferencia, en este contexto, no significa que no nos importen los demás, sino más bien no permitir que sus opiniones y comportamientos nos afecten.

La práctica de la indiferencia comienza con la auto-reflexión. Al tomar tiempo para entender nuestras propias creencias, valores y objetivos, podemos empezar a desvincular nuestra autoestima y felicidad de las opiniones externas. Esto nos permite actuar según nuestras propias convicciones, sin ser influenciados por los demás.

Un ejercicio útil para cultivar la indiferencia es llevar un diario de reflexión. En él, podemos escribir acerca de situaciones en las que nos hemos sentido afectados por las opiniones o acciones de otros, y reflexionar sobre cómo podemos cambiar nuestra reacción en el futuro. Este ejercicio nos ayuda a tomar conciencia de nuestras reacciones automáticas y a desarrollar respuestas objetivas.

Otra práctica importante es el desarrollo de la autoconfianza. Al fortalecer la confianza en nosotros mismos y en nuestras capacidades, nos volvemos menos susceptibles a la influencia de las opiniones ajenas. Esto se logra a través de la autoaceptación, el reconocimiento de nuestros logros y el establecimiento de metas personales que reflejen nuestros verdaderos intereses y aspiraciones.

En resumen, la libertad en la indiferencia no es una actitud de desinterés o desapego emocional, sino una poderosa herramienta para centrarnos en lo que realmente importa: nuestras propias acciones y decisiones, y nuestro crecimiento personal.

Al adoptar esta actitud, no solo encontramos una mayor serenidad y libertad, sino que también nos volvemos más auténticos y efectivos en nuestras interacciones con los demás.

Nunca esperes nada de nadie

6.5 Lista de reglas

- **La libertad de no esperar a nadie**: abraza la libertad de no depender de las acciones o aprobaciones de los demás. Esta perspectiva te permite actuar desde tu propio centro de control, lo cual te libera de las expectativas y decepciones externas.

- **Autosuficiencia y autonomía**: cultiva la autosuficiencia emocional y mental. Reconoce que tu bienestar y felicidad dependen de tu actitud y acciones, no de factores externos. Esta autonomía es la base para una vida de integridad y propósito.

- **El desapego de los resultados**: aprende a actuar con compromiso y pasión, pero sin apegarte a los resultados. Al enfocarte más en el esfuerzo que en el resultado, puedes mantener la serenidad ante el éxito o el fracaso.

- **La libertad en la indiferencia**: encuentra libertad en la indiferencia hacia lo que está fuera de tu control, incluyendo las opiniones y acciones de los demás. Al centrarte en lo que puedes controlar, ganas paz mental y claridad en tus decisiones y acciones.

Capítulo VII

Termina lo que empiezas

En un mundo lleno de distracciones y tentaciones, la capacidad de llevar a cabo nuestras metas y completar lo que comenzamos se ha convertido en un desafío monumental. En este viaje a través de la vida, a menudo nos encontramos con sueños por perseguir, proyectos por emprender y metas por alcanzar. Sin embargo, en medio de todas estas distracciones, es fácil perderse en el laberinto de la procrastinación y la indecisión, dejando tras de sí un rastro de proyectos inconclusos.

«Termina lo que empiezas» es más que una simple frase cliché: es un llamado a la acción, un recordatorio sobre la importancia de la persistencia y la dedicación en el camino hacia el crecimiento personal y el éxito. Por ello, nos vamos a sumergir en las profundidades de la psicología humana para explorar las razones detrás de nuestras tendencias a dejar las cosas a medio camino con el fin de proporcionar herramientas prácticas para superar los obstáculos que se interponen entre nosotros y la consecución de nuestros objetivos.

7.1 La inconclusión

La inconclusión, en su esencia, representa el desafiante territorio donde los esfuerzos y las aspiraciones quedan atrapados en el vacío de lo inacabado. Este fenómeno no se limita a un ámbito específico, sino que se adhiere a diversos aspectos de nuestras vidas. Puede manifestarse en proyectos laborales que prometían crecimiento, en ir al gimnasio, en aprender un idioma nuevo o en estudiar una carrera, metas personales que aguardaban con la promesa de nuestra transformación. La inconclusión se manifiesta cuando, por diversas razones, el impulso inicial se ve frenado, y la tarea que se inició queda suspendida en el tiempo, lo cual deja una sensación de insatisfacción y potencial sin realizar.

Este estado de inacabado puede surgir por distintos motivos. En algunos casos, el temor al fracaso actúa como un espectro que acecha generando dudas y alimentando la procrastinación. La falta de claridad en los objetivos también puede nublar el camino, desviarnos de la senda trazada inicialmente y dispersar nuestra energía en múltiples direcciones. La desconexión con la pasión inicial, esa chispa que nos impulsó a comenzar, puede convertir la empresa en una rutina carente de inspiración. Además, la procrastinación, ese hábito de postergar lo importante, se convierte en una fuerza que trabaja en contra de la realización de nuestros proyectos, pues nos lleva a dejar las tareas a medias.

Entender la inconclusión no solo implica reconocer su presencia, sino también desentrañar las complejas capas de motivos que la alimentan. Cada proyecto inconcluso cuenta una historia única: miedos, dudas y obstáculos que requieren un abordaje específico. Al iluminar estos motivos, no solo ganamos una comprensión más profunda de nuestras propias dinámicas, sino que también comenzamos a esculpir el camino hacia la superación de la inconclusión.

Para entender mejor la lucha contra la inconclusión, observaremos cómo figuras históricas enfrentaron desafíos similares. Personajes como Leonardo da Vinci, conocido por su genialidad, pero también por dejar muchos proyectos sin terminar, nos ofrecen lecciones valiosas sobre cómo superar obstáculos y encontrar la fuerza para completar lo que empezamos. Su legado nos enseña que incluso los grandes visionarios enfrentaron luchas internas, pero también nos recuerda que la perseverancia puede llevar a la creación de obras maestras duraderas.

¿Cómo resolverla?

Resolver la inconclusión requiere un enfoque holístico que aborde sus raíces profundas y proporcione soluciones prácticas. Primero, para enfrentar el miedo al fracaso es crucial reconocerlo como un elemento esencial en el camino hacia el crecimiento y el aprendizaje. Establecer metas específicas y alcanzables mediante la utilización del enfoque SMART proporciona una guía para el proceso que contrarresta la falta de claridad en los objetivos.

Por otra parte, reconectar con la pasión inicial implica técnicas que van desde la visualización creativa hasta la revisión periódica de objetivos, lo cual asegura que la motivación perdure a lo largo del tiempo. Abordar la procrastinación implica el desarrollo de habilidades de autodisciplina y la implementación de estrategias para superar la postergación.

Además, es vital reconocer que cada proyecto inconcluso tiene su propia historia y desafíos únicos, los cuales requieren un enfoque personalizado para abordar los miedos, las dudas y los obstáculos específicos. Este viaje de autodescubrimiento y acción deliberada sienta las bases para transformar la inconclusión en una plataforma de crecimiento y éxito duradero.

Enfoque SMART

La metodología SMART es un enfoque estructurado y efectivo para establecer objetivos claros y alcanzables. Su nombre es un acrónimo que representa cinco criterios que cada objetivo debe cumplir para aumentar la probabilidad de éxito:

- **Específico (*specific*)**: los objetivos deben ser precisos y detallados. En lugar de establecer metas vacías, como «quiero ponerme en forma», se debe ser específico; por ejemplo, «quiero correr 5 kilómetros en 30 minutos para mejorar mi resistencia cardiovascular».
- **Medible (*measurable*)**: los objetivos deben poder cuantificarse o medirse de alguna manera. Utilizando el ejemplo anterior, el progreso se puede medir en términos de distancia recorrida, tiempo empleado y resistencia cardiovascular mejorada.
- **Alcanzable (*achievable*)**: los objetivos deben ser realistas y alcanzables, considerando los recursos disponibles y las circunstancias personales. Establecer metas demasiado ambiciosas o irrealistas puede llevar a la desmotivación.
- **Relevante (*relevant*)**: los objetivos deben ser pertinentes y alineados con tus valores y aspiraciones a largo plazo. Pregúntate a ti mismo si el objetivo contribuye significativamente a tus metas generales y si es relevante en tu situación actual.

- **Limitado en el tiempo (*time-bound*)**: especifica un plazo para la consecución del objetivo. Esto proporciona una estructura temporal que ayuda a mantenerte enfocado y a establecer hitos para evaluar el progreso. Por ejemplo, «correr 5 kilómetros en 30 minutos en los próximos tres meses».

Aplicar la metodología SMART en la vida cotidiana implica tomar cada uno de estos criterios y aplicarlos a tus metas personales y profesionales. Al hacerlo, transformas tus objetivos en declaraciones concretas, medibles, alcanzables, relevantes y con límites de tiempo, lo que facilita la planificación y el seguimiento.

Esta metodología proporciona claridad y dirección, lo cual te ayuda a traducir tus aspiraciones en acciones específicas y alcanzables. Ya sea en la gestión del tiempo, el establecimiento de metas de carrera o la mejora personal, SMART es una herramienta valiosa para maximizar la efectividad y el éxito en diversas áreas de tu vida.

La Tabla 2 ilustra cómo cada objetivo es específico, medible, alcanzable, relevante y limitado en el tiempo, siguiendo los principios de la metodología SMART. Estos objetivos proporcionan una guía clara y cuantificable para medir el progreso y lograr el éxito en distintas áreas de la vida personal.

Tabla 2. Metodología SMART

Objetivo	Específico	Medible	Alcanzable	Relevante	Limitado en el tiempo
Mejorar la aptitud física	Realizar ejercicio cardiovascular regularmente	Correr 5 kilómetros en 30 minutos	Sí, considerando el estado de salud actual y el tiempo disponible para el ejercicio	Sí, contribuye a la salud general y al bienestar personal	Lograrlo en los próximos tres meses
Desarrollar habilidades profesionales	Obtener certificación en gestión de proyectos	Completar un curso de gestión de proyectos	Sí, con dedicación adicional al estudio	Sí, alineado con objetivos profesionales	Obtener la certificación en los próximos seis meses
Mejorar la gestión del tiempo	Reducir el tiempo dedicado a actividades no productivas	Registrar el uso del tiempo diariamente	Sí, mediante la identificación y eliminación de actividades improductivas	Sí, contribuye a la eficiencia personal y profesional	Reducir el tiempo no productivo en un 20 % en los próximos dos meses
Cultivar relaciones personales	Fortalecer la comunicación con amigos cercanos	Realizar una llamada o encuentro semanal con un amigo cercano	Sí, estableciendo prioridades en la agenda	Sí, contribuye al bienestar emocional	Mantener esta rutina durante los próximos tres meses

7.2 Miedo al fracaso

El miedo al fracaso, siempre presente en nuestras cabezas, ha sido un dolor de muelas constante a lo largo de la historia. Desde que el mundo es mundo, gente importante se ha enfrentado a ese miedo y lo ha superado, lo cual ha dejado enseñanzas valiosas. Un gran ejemplo es el de Thomas Edison, el tipo que inventó la bombilla. En su carrera, se golpeó ante un montón de fracasos y situaciones difíciles, pero lo que en verdad destacó fue su manera de enfrentarlos. ¿Te suena eso de «No he fracasado, simplemente he encontrado 10 000 maneras que no funcionan»? Pues ese dicho se le atribuye a Edison.

Edison no solo se comió los fracasos como parte del juego de inventar, sino que también los tomó como chances para aprender y mejorar. Su forma de ver las cosas nos muestra que el miedo al fracaso puede ser como un empujoncito para crecer y triunfar en lugar de ser una piedra que nos frena. Así que, entendiéndolo como una parada inevitable en la ruta hacia el éxito, podemos sacar inspiración de los que se dieron de narices y al final la rompieron.

Entonces, ¿cómo aplicamos esto a nuestra vida? Primero, cambia la forma en que ves el fracaso. No lo veas como un desastre, sino como un profesor rudo pero efectivo. Luego, atrévete a intentar de nuevo, pero esta vez con lo que aprendiste. Edison no inventó la bombilla de una, ¿verdad? Así que, si algo no funciona, ajusta tu enfoque y vuelve a intentarlo.

Y, claro, rodéate de buenas personas, amigos y familiares que te apoyen, que sean positivos y que no te llenen de esa energía negativa tan innecesaria. Edison no estaba solo en esto, y tú tampoco deberías estarlo. Busca inspiración en los que también se han dado de narices, pero al final la rompieron. En el juego del éxito, el fracaso no es el final: es solo un capítulo que te acerca un poco más a ganar el premio mayor.

7.3 Desconexión de la pasión inicial

La desconexión con la pasión inicial se refiere a la pérdida del entusiasmo, la motivación o el interés que nos llevó a embarcarnos en un proyecto o meta. Es un fenómeno común que puede ocurrir a lo largo del tiempo debido a diversas razones, como la rutina, la falta de resultados inmediatos, cambios en las circunstancias personales o simplemente la exposición prolongada a desafíos y obstáculos.

Cuando nos desconectamos de la pasión inicial, la tarea o proyecto puede volverse monótono, desafiante o menos significativo. Este distanciamiento emocional puede afectar de forma negativa la calidad de nuestro trabajo, nuestra productividad y, en última instancia, nuestra capacidad para llevar a cabo la tarea hasta su conclusión.

Es importante reconocer este fenómeno, porque puede tener un impacto significativo en nuestra capacidad para alcanzar metas a largo plazo. Para abordar la desconexión con la pasión inicial, a menudo es necesario realizar una autoevaluación, reflexionar sobre los motivos de la pérdida de entusiasmo y explorar estrategias para revitalizar el interés y la dedicación hacia el proyecto o la meta. La adaptabilidad, el redescubrimiento de la importancia personal del objetivo y la búsqueda de nuevas formas de abordar los desafíos son algunas de las estrategias que pueden ayudar a reconectar con la pasión inicial y mantener un impulso positivo hacia la consecución de objetivos.

Es común que, cuando el entusiasmo inicial se va por la ventana, aparezca el desgano, pero, mira, hay algo que aprender de los maestros de la motivación. Imagina a alguien como Steve Jobs, el cerebro detrás de Apple. Este tío no solo creó tecnología, sino que también mantuvo su pasión ardiendo. Él decía que hacer lo que amas es clave, y tiene sentido, ¿no?

Así que ¿cómo recuperamos esa chispa cuando sentimos que se está apagando? Primero, recuerda por qué empezaste. ¿Qué te emocionaba tanto al principio? Conéctate de nuevo con eso. Y si sientes que perdiste el rumbo, está bien cambiar las cosas. Jobs no se quedó pegado en un solo plan, siempre estaba buscando la próxima gran cosa. Así que ajusta tu curso si es necesario, pero sigue siendo fiel a lo que amas.

Y, claro, rodéate de inspiración. Así como Edison, Jobs tampoco estaba solo: tenía su equipo de genios creativos. Así que busca a gente que comparta tus pasiones o que te motive a seguir adelante. En este juego, la desgana no es el final, es solo una señal para reajustar y volver a encender la llama.

7.4 Procrastinación

La procrastinación es un comportamiento humano común y, a veces, frustrante que se refiere a la tendencia a posponer o retrasar tareas o decisiones importantes, y a optar en su lugar por actividades menos urgentes, pero que en ese momento resultan más placenteras; por ejemplo, preferir jugar videojuegos a tener que terminar tu tarea. Es algo parecido a lo tratado sobre el costo de oportunidad. En esencia, es el arte de dejar para después lo que deberíamos hacer ahora.

Este fenómeno puede afectar diversos aspectos de la vida, desde el ámbito académico y profesional hasta las metas personales, y a menudo está vinculado con la falta de autodisciplina, la gestión del tiempo ineficiente o la ansiedad ante la tarea por realizar.

Abordar la procrastinación implica comprender sus raíces y encontrar estrategias efectivas para superarla. En muchos casos, puede estar relacionada con el miedo al fracaso, la falta de claridad en los objetivos o la dificultad para enfrentar tareas desafiantes. La evasión de responsabilidades puede brindar un alivio temporal, pero a largo plazo puede conducir a la acumulación de estrés, la disminución de la productividad y la insatisfacción personal.

Superar la procrastinación implica desarrollar hábitos y técnicas que fomenten la autodisciplina y la gestión efectiva del tiempo. Esto puede incluir la creación de listas de tareas, la priorización de actividades, la división de grandes proyectos en tareas más pequeñas y la implementación de períodos de trabajo enfocado seguidos de descansos planificados. Además, es crucial abordar las creencias subyacentes que pueden alimentarla; por ejemplo, dejar de percibir el fracaso como algo negativo y entenderlo como una oportunidad de aprendizaje.

En última instancia, vencer la procrastinación implica un esfuerzo consciente para comprender nuestras propias tendencias evasivas, identificar las causas subyacentes y desarrollar estrategias adaptativas que nos permitan avanzar de manera productiva hacia nuestras metas y responsabilidades.

Enfrentando la procrastinación

Enfrentar la procrastinación puede ser un desafío, pero existen estrategias efectivas que pueden ayudar a superar este hábito. Una táctica clave es dividir las tareas grandes en pasos más pequeños y manejables. Esto desmitifica la tarea y la hace menos intimidante y más fácil de abordar. Además, establecer metas claras y alcanzables proporciona una dirección más definida y puede aumentar la motivación al ofrecer objetivos concretos.

La técnica Pomodoro, que implica trabajar intensamente durante un período de tiempo (por ejemplo, 25 minutos) y después tomar un breve descanso, es una excelente manera de gestionar el tiempo y mantener la concentración. Eliminar distracciones en el entorno, como apagar notificaciones y crear un espacio de trabajo tranquilo, también contribuye a la concentración.

Organizar el día con un horario, asignando bloques de tiempo específicos para tareas importantes y respetándolos, es otra estrategia efectiva. Compartir metas con un compañero de responsabilidad brinda rendición de cuentas y actúa como un fuerte motivador. Reconocer y celebrar pequeños logros refuerza el hábito del trabajo constante y eleva la autoestima.

La visualización del resultado final y de cómo te sentirás al completar la tarea puede proporcionar una motivación adicional. A veces, comenzar por la tarea más fácil rompe la inercia y ayuda a entrar en el flujo de trabajo. Por último, enfocarse en avanzar y lograr pequeños progresos en lugar de perseguir la perfección contribuye a superar la procrastinación. No hay una solución única para todos, así que experimenta con estas estrategias y encuentra la combinación que funcione mejor para ti.

7.5 Cambios en las prioridades

En el contexto del estoicismo, abordar los cambios en las prioridades implica cultivar una mentalidad que se adapte con sabiduría a las fluctuaciones inevitables de la vida. El estoicismo reconoce que nuestras prioridades y circunstancias pueden cambiar, por lo que nos abrazamos a la idea de que nuestra capacidad para adaptarnos a estas transformaciones es esencial para mantener una vida plena y en armonía.

Es por eso por lo que es bueno centrarse en lo que se puede controlar y aceptar lo que está más allá de nuestro control. Ante los cambios en las prioridades, hay que reflexionar sobre lo que en verdad importa y alinear nuestras acciones con nuestros valores fundamentales.

No debemos aferrarnos rígidamente a nuestras metas y deseos, sino abrazar una flexibilidad que permita ajustar nuestras prioridades de manera reflexiva y equilibrada.

La práctica de la atención plena y la reflexión constante sobre nuestras elecciones nos ayuda a discernir entre lo que es esencial y lo que es accesorio en nuestra vida. A través de este proceso, podemos comprender que la verdadera felicidad no está anclada en circunstancias externas, sino en nuestra capacidad para vivir de acuerdo con la virtud y la razón.

¿Es bueno cambiar las prioridades?

Pues te diría que sí, modificar las prioridades puede ser un aspecto fundamental del crecimiento personal y de la adaptación a las cambiantes circunstancias de la vida. A medida que evolucionamos, nuestras metas y valores pueden transformarse, y ajustar nuestras prioridades para alinearse con estos cambios es crucial para mantener una vida significativa y satisfactoria.

Además, los imprevistos y desafíos inesperados pueden surgir, y adaptar nuestras prioridades nos permite enfrentar estas situaciones de manera efectiva. Este proceso no solo refleja nuestra capacidad de aprender y ajustarnos a nuevas perspectivas, sino que también destaca la importancia de la flexibilidad mental y emocional en la toma de decisiones informadas. Cambiar las prioridades cuando es necesario contribuye al bienestar emocional, pues promueve una vida más equilibrada y feliz en constante evolución.

Estableciendo prioridades

Establecer prioridades es un proceso crucial que nos permite enfocar nuestra energía y tiempo en lo más importante. Una estrategia valiosa para este fin es el método Eisenhower, basado en la clasificación de tareas en cuadrantes según su importancia y urgencia, técnica que ya hemos mostrado algunos capítulos atrás. Este enfoque proporciona un marco claro para la toma de decisiones al abordar nuestras responsabilidades diarias.

De igual manera, para reconocer la importancia de distinguir entre lo esencial y lo accesorio, podemos inspirarnos en figuras históricas que han destacado en la gestión del tiempo, como Franklin D. Roosevelt, quien demostró poseer una gran habilidad para priorizar durante la Segunda Guerra Mundial. Al aplicar esta metodología, no solo optimizamos nuestra productividad, sino que también seguimos el ejemplo de líderes que han demostrado cómo la correcta asignación de prioridades es esencial para alcanzar el éxito en cualquier esfuerzo.

Si bien Franklin D. Roosevelt no fue conocido en especial por su gestión del tiempo durante la Segunda Guerra Mundial, sí destacó por su habilidad para establecer prioridades y liderar con eficacia en momentos críticos. Durante la guerra, Roosevelt mantuvo una agenda apretada y coordinó numerosas decisiones estratégicas con sus asesores militares y aliados. Su habilidad para gestionar un flujo constante de información y tomar decisiones cruciales contribuyó a la dirección exitosa de los esfuerzos de guerra de Estados Unidos.

Además, su capacidad para comunicarse de manera efectiva y mantener un enfoque claro en los objetivos clave marcó la diferencia en un momento histórico crucial. Aunque no desarrolló una técnica específica de gestión del tiempo, el liderazgo general de Roosevelt durante la guerra refleja la importancia de establecer prioridades claras y tomar decisiones estratégicas en situaciones complejas.

Entender cuáles son nuestras prioridades permitirá tener un enfoque más claro sobre cómo queremos seguir nuestro camino en la vida y a dónde vamos. Las prioridades nos dan orden, un molde en el recorrido que tenemos por delante.

7.6 Perfeccionismo

El perfeccionismo es una disposición personal que impulsa a buscar estándares excepcionalmente altos y a esforzarse de manera constante por lograr resultados impecables en todas las áreas de la vida. Aquellos con tendencias perfeccionistas tienden a establecer metas muy altas para sí mismos y a ser autoexigentes en la búsqueda de la excelencia en todo lo que hacen.

Si bien el perfeccionismo puede manifestarse como un motivador positivo para el logro y la mejora continua, también puede llevar a la insatisfacción crónica y a la procrastinación debido al temor al fracaso. Las personas perfeccionistas a menudo son críticas consigo mismas y tienen dificultades para aceptar imperfecciones o errores.

Este rasgo puede influir en diversos aspectos de la vida, desde el trabajo y los estudios hasta las relaciones interpersonales. Es fundamental encontrar un equilibrio saludable entre la búsqueda de la excelencia y la aceptación de la realidad, reconociendo que la perfección absoluta rara vez es alcanzable y que los errores son oportunidades para aprender y crecer.

Aprender a aceptar tus errores

La verdad es que tropezar y cometer errores es tan normal como tomarte un café por la mañana. La jugada es dejar de darle vueltas al asunto como si estuvieras en una licuadora.

Debes aceptar esas caídas como si fueran tus mejores maestros. Cuando los estoicos entendían que algo estaba fuera de su jurisdicción, agarraban el toro por las astas y aceptaban lo que no podían cambiar. Entonces, la próxima vez que te caigas, recuerda a Marco Aurelio y repite: «Bueno, esto se fue de mis manos, pero al menos tengo una lección clara para aprender».

Cuestionar pensamientos irracionales

Imagínate esto: estás ahí, dándolo todo, tratando de que todo salga perfecto, como si fueras un malabarista con platos y, de repente, te caes. Entonces, en vez de empezar a hacer drama y decirte a ti mismo que eres un fracaso, ¿qué tal si te tomas un minuto para cuestionar esos pensamientos que te llevan al modo perfeccionista?

Primero, jala del freno de mano y pregúntate con honestidad: «¿Es realmente necesario que todo sea perfecto?». No te voy a mentir, la respuesta suele ser un rotundo «no». Después, ponte el sombrero de detective y busca el porqué, evidencias: «¿Hubo alguna vez en la historia de la humanidad alguien que haya logrado la perfección absoluta?». Te adelanto la respuesta: no.

Lo que puedes hacer como una puesta en práctica es tomar un papel y escribir esos pensamientos perfeccionistas que rondan por tu cabeza. Luego, dale vuelta a cada uno y encuentra una perspectiva más realista. Por ejemplo, si piensas que tu proyecto es un desastre porque no es perfecto, trata de verlo como una oportunidad de mejora, algo que evoluciona en lugar de algo estático.

Esto no es magia, pero te aseguro que, con un poco de práctica, puedes hacer que esos pensamientos perfeccionistas se tomen un descanso y te dejen vivir un poco más relajado.

Al final del día, la vida es como un buen guiso: no siempre sale perfecto, pero a veces esos pequeños errores son los que le dan el mejor sabor.

Termina lo que empiezas

7.7 Lista de reglas

- **Inconclusión**: terminar lo que empezaste es como cerrar capítulos en tu libro de vida. No dejes historias a medias; completa cada tarea con determinación.

- **Miedo al fracaso**: fallar no es el fin, es solo una pausa. Aprende, ajusta y vuelve a intentarlo con más fuerza. El éxito está en la resistencia.

- **Desconexión de la pasión inicial**: reaviva la llama. Recuerda por qué empezaste. Volver a tus raíces te da la energía para superar cualquier obstáculo.

- **Procrastinación**: la clave es empezar, incluso si es pequeño. Desglosa las tareas y da el primer paso. La acción rompe la inercia.

- **Cambios en las prioridades**: evoluciona con gracia. Prioriza lo que realmente importa y ajusta tu curso según las nuevas circunstancias. La flexibilidad es tu superpoder.

- **Perfeccionismo**: la excelencia, no la perfección, es la meta. Celebra el progreso, acepta errores y aprende a disfrutar del camino despojándote del peso de la perfección.

Capítulo VIII

Memento mori

Memento mori, una expresión latina que significa 'recuerda que morirás', es un recordatorio atemporal que trasciende épocas y culturas. Este concepto, lejos de ser sombrío, tiene un poder motivador extraordinario, pues centra nuestra atención en la fugacidad de la vida y la inevitabilidad de la muerte. Aunque suene fuerte, la idea esencial detrás de esta expresión es abrazar la vida con plenitud y propósito, reconociendo que el tiempo es nuestro recurso más valioso.

Este recordatorio no es nuevo: su origen se remonta a las enseñanzas filosóficas del estoicismo en la antigua Roma. Filósofos como Séneca y Marco Aurelio la utilizaban como un faro para vivir una vida significativa, recordando siempre la transitoriedad de la existencia.

Así, *memento mori* nos invita a apreciar el presente, a perseguir nuestras pasiones y a construir un legado que trascienda nuestro paso por este mundo. Pero, repito, es más que un recordatorio de la inevitabilidad de la muerte: es una llamada a la reflexión sobre la vida que estamos construyendo. Nos insta a vivir con intención y plenitud, reconociendo que el tiempo es un recurso finito y precioso.

En el día a día, este concepto nos recuerda que nuestras acciones y decisiones tienen un impacto real en nuestra existencia y en la de aquellos que nos rodean. Nos invita a cultivar relaciones significativas, a perseguir nuestras pasiones y a abrazar la autenticidad. En esencia, nos desafía a no postergar lo importante, a vivir con propósito y a dejar una huella positiva en el mundo, conscientes de que la muerte, lejos de ser algo a temer, puede ser el impulso necesario para vivir de verdad.

Memento mori es importante porque nos proporciona una perspectiva vital y una guía para vivir de manera más consciente y plena. Este recordatorio de la finitud de la vida nos impulsa a reflexionar sobre nuestras prioridades, a apreciar el momento presente y a tomar decisiones con mayor significado. Al reconocer que la muerte es inevitable, nos motiva a no postergar lo esencial y a vivir con autenticidad, contribuyendo así a una vida más rica en experiencias y conexiones significativas.

¿Cómo aprovecharla?

Aprovechar la frase *memento mori* en el quehacer diario puede tener un impacto profundo en la perspectiva de la vida y en la toma de decisiones cotidianas. Reflexionar sobre las cosas que valoras en tu vida, cultivar un sentido de gratitud por las experiencias y relaciones, y reconocer la finitud de la existencia puede orientar tus objetivos y prioridades hacia lo verdaderamente significativo.

Consciente del tiempo, puedes organizar tu día de manera que estés satisfecho con su uso, centrándote en actividades significativas y evitando distracciones innecesarias. La aceptación de la impermanencia te brinda una actitud resiliente frente a los desafíos, mientras que, al recordar la fragilidad de la salud, el cuidado personal se convierte en una prioridad.

Al considerar la fugacidad de la vida, se intensifica la valoración de las relaciones interpersonales, lo cual te insta a fortalecer conexiones y resolver conflictos pendientes. Reflexionar sobre el desapego de lo material te inspira a centrarte en experiencias significativas en lugar de acumular posesiones.

La dedicación diaria a reflexionar sobre la muerte y la temporalidad de la vida, ya sea a través de la meditación, la escritura o solo tomando un momento para pensar, puede ser una herramienta poderosa para encontrar un mayor significado en tus acciones y relaciones. La aplicación de *memento mori* es personal y única para cada individuo, siendo clave utilizar este recordatorio de manera constructiva para mejorar la calidad de vida.

Séneca

Séneca, un influyente filósofo estoico del siglo I d. C., no solo abogaba por la reflexión sobre la muerte, sino que también proporcionaba un enfoque práctico para enfrentarla. Instaba a no postergar las aspiraciones y a vivir con un sentido de urgencia. Expresaba la idea de que, al confrontar la realidad de la mortalidad de manera cotidiana, uno puede encontrar una paz más profunda y vivir de manera más plena.

Esta filosofía no solo se limitaba a la teoría: Séneca mismo, enfrentando la perspectiva de la ejecución, mantuvo una compostura estoica y afrontó su propia muerte con calma y filosofía. Su ejemplo histórico y su sabiduría, transmitida a través de sus escritos, siguen siendo un recordatorio impactante de la conexión entre la reflexión sobre la mortalidad y la búsqueda de una vida significativa, un poderoso memento mori a lo largo de los siglos.

En su carta *Sobre la brevedad de la vida*, Séneca (2019) va más allá de abogar por la reflexión sobre la muerte: proporciona un enfoque práctico para enfrentarla y extraer significado de cada momento. Invita a sus lectores a no postergar sus aspiraciones, a vivir con un sentido de urgencia y a reconocer la fragilidad de la existencia humana. La idea central que transmite es que, al confrontar la realidad de la mortalidad de manera regular, no solo se encuentra una paz más profunda, sino que también se vive de manera más plena y auténtica.

Marco Aurelio

Marco Aurelio, el famoso emperador romano y filósofo estoico, abordó el tema del *memento mori* en sus escritos, sobre todo en sus *Meditaciones*, una serie de reflexiones personales que ofrece una visión única de su filosofía, incluyendo su perspectiva sobre la mortalidad.

En dicho texto, reflexiona sobre la brevedad de la vida y la inevitabilidad de la muerte. Una de sus reflexiones más conocidas sobre este tema se encuentra en el Libro II, 14, donde expresa: «Aunque debieras vivir tres mil años y otras tantas veces diez mil, no obstante, recuerda que nadie pierde otra vida que la que vive, ni vive otra que la que pierde» (Aurelio, 1983). En esta breve afirmación, encapsula el concepto de *memento mori*, recordándose a sí mismo y a quienes le leen la naturaleza efímera de la existencia humana.

Otro pasaje relevante de *Meditaciones* se encuentra en el Libro IV, 17: «No actúes en la idea de que vas a vivir diez mil años. La necesidad ineludible pende sobre ti. Mientras vives, mientras es posible, sé virtuoso» (Aurelio, 1983). Aquí, nos invita a contemplar la vastedad del tiempo y la brevedad de nuestra vida individual, y nos insta a centrarnos en lo que en verdad importa en el tiempo limitado que tenemos.

Estas reflexiones sobre la mortalidad resuenan con los principios estoicos, ya que esta filosofía aboga por aceptar la realidad tal como es y vivir de acuerdo con la naturaleza y la razón. Marco Aurelio, al recordar la inevitabilidad de la muerte, busca guiar su vida y acciones de una manera que refleje la virtud y la sabiduría.

En última instancia, sus enseñanzas sobre *memento mori* continúan siendo una fuente de inspiración para aquellos que buscan abrazar la realidad de la vida y encontrar significado en medio de la fugacidad del tiempo. Siguen siendo un recordatorio poderoso de la importancia de vivir conscientemente, cultivar la virtud y apreciar cada momento en nuestra jornada terrenal.

Mensaje del autor

A ti, que llegaste hasta el final y sientes que no puedes levantarte, te pido que, por favor, prestes la mayor de las atenciones a estas últimas palabras, ya que confío en que serán de aliento para un espíritu cansado que no ha tenido la suerte de haber encontrado aún su camino: **¡nunca es tarde**! Te repito: **¡nunca es tarde para cambiar**!

No importa la edad, no importa tu dinero, no importa en dónde estés. En el mundo encontramos un sinnúmero de testimonios de personas que salieron desde el hoyo más profundo y se han vuelto exitosas. Estoy seguro de que tú conoces a uno y lo ves todos los días en el espejo.

Es por eso que te pido que reflexionemos juntos sobre la senda de la vida y abracemos las enseñanzas atemporales de los filósofos estoicos para forjar un camino hacia una existencia más plena y ordenada.

En nuestra búsqueda de significado, recordemos el principio fundamental de *memento mori*: recuerda que morirás (pronto). En lugar de sucumbir a la ansiedad ante la idea de la muerte, usemos este recordatorio para infundir en nuestra vida cotidiana un sentido de urgencia y propósito. Al entender que nuestro tiempo en este mundo es efímero, encontramos la motivación para vivir con autenticidad y perseguir metas que en verdad importan.

Es por eso que el estoicismo nos enseña a discernir entre lo que podemos controlar y lo que no. Aceptar con serenidad aquello que no podemos cambiar nos libera de la carga innecesaria del estrés y la preocupación. Enfocarnos en nuestras acciones, en nuestra respuesta ante los desafíos, nos empodera y nos permite cultivar una paz interior que trasciende las circunstancias externas.

Sigamos el ejemplo de Séneca y Marco Aurelio, quienes enfrentaron la adversidad con estoicismo. En el peor de los tiempos, recordemos que solo nuestras reacciones y actitudes están bajo nuestro control. Cultivemos la fortaleza interior para afrontar las tormentas de la vida con dignidad y gracia, sabiendo que la adversidad es una oportunidad para crecer y fortalecernos.

En nuestra búsqueda de orden y claridad, practiquemos la moderación y el desapego de lo superficial. Abandonemos la búsqueda constante de la perfección externa y, en su lugar, enfoquémonos en la virtud interior. La autenticidad y la integridad son las columnas que sostienen una vida con significado.

La gratitud, como nos enseña el estoicismo, es una aliada poderosa en nuestro viaje. Agradezcamos no solo por las alegrías evidentes, sino también por los desafíos que nos ofrecen la oportunidad de crecer y evolucionar. En cada experiencia, encontramos lecciones valiosas que contribuyen a nuestro desarrollo como seres humanos.

En este viaje hacia una vida más ordenada, busquemos la sabiduría no solo en los libros, sino también en la contemplación tranquila. Dediquemos tiempo a la reflexión diaria sobre nuestras acciones y motivaciones. La autoconciencia nos guiará hacia una toma de decisiones más informada y ética.

Recordemos que la grandeza no se encuentra en la ausencia de desafíos, sino en nuestra capacidad para enfrentarlos con valentía. Abrazar la filosofía estoica no significa evitar las tormentas, sino aprender a bailar bajo ellas con un paraguas abierto.

A ti te digo, en este viaje de la vida, que las enseñanzas estoicas nos sirvan como brújula. Que encontremos la fuerza para vivir con propósito, la sabiduría para discernir nuestras prioridades y la serenidad para aceptar lo que no podemos cambiar. Que cada día se convierta en una oportunidad para cultivar la virtud, celebrar la gratitud y vivir con autenticidad.

Y el mejor ejemplo que se puede encontrar es Jesús, el maestro de la compasión y la humildad, quien nos dejó un legado imperecedero. En sus enseñanzas, encontramos paralelos con la filosofía estoica, especialmente en su capacidad para aceptar las tribulaciones con una fortaleza que inspira y guía nuestras propias vidas.

Recordemos lo que dijo en el jardín de Getsemaní ante la inevitable crucifixión: «Padre mío, si es posible, pase de mí esta copa; pero no sea como yo quiero, sino como tú quieras». Estas palabras sintetizan la esencia de la aceptación estoica, pues Jesús reconoce la realidad y se somete a la voluntad divina con humildad y confianza.

En los momentos más desafiantes de su vida, Jesús mostró una resistencia y firmeza ejemplares, enfrentando adversidades con una calma que trascendía las circunstancias. En lugar de resistirse ante la persecución y el sufrimiento, aceptó su destino con una serenidad que desafía la comprensión humana.

La lección aquí es clara: lo que define nuestro ser no son las tribulaciones, sino nuestra respuesta ante ellas. Sigamos el ejemplo de Jesús y abracemos nuestras dificultades con una actitud estoica. Que, en medio de las tormentas, encontremos la fuerza interna para aceptar lo que no podemos cambiar y la valentía para cambiar lo que sí podemos.

En este cruce entre la filosofía estoica y la enseñanza de Jesús, hallamos un llamado a vivir con autenticidad, compasión y resiliencia. Que cada uno de nosotros, inspirado por la vida de Jesús, acepte las tribulaciones con gracia y perspicacia, recordando siempre que nuestras respuestas a las pruebas son la esencia de nuestro carácter.

Así, en el camino de la vida, que podamos abrazar tanto las alegrías como las tribulaciones con la misma serenidad que Jesús exhibió en su jornada terrenal. Que en la aceptación estoica de las tribulaciones encontremos la fortaleza para seguir adelante con propósito y compasión, inspirados por la sabiduría intemporal de aquel que, con su vida, nos dejó un legado de amor, humildad y fortaleza.

Adelante, que todo está bien, hacia una vida estoica y plena.

Referencias bibliográficas

Aurelio, M. (1983). *Meditaciones*. Gredos.

Covey, S. R. (1989). *Los 7 hábitos de la gente altamente efectiva*. Paidós.

De Saint-Exupéry, A. (2012). *El principito*. Editorial Nueva.

Epicteto. (1993). *Disertaciones por Arriano*. Gredos.

Frankl, V. E. (1985). *El hombre en busca de sentido*. Herder.

Prosoché, la meditación estoica. (2021, agosto 17). *Diario Estoico*. https://diarioestoico.com/prosoche-la-meditacion-estoica/

Rogers, C. R. (1994). *El poder de la persona*. Editorial Manual Moderno.

Séneca, L. A. (2018). *Cartas a Lucilio*. Ediciones Cátedra.

Séneca, L. A. (2019). *Sobre la brevedad de la vida*. Guillermo Escolar Editor.

Von Wieser, F. (1914). *Theorie der gesellschaftlichen Wirtschaft*. Mohr.